W0201529

ÉTIKOS

SILVIA AGULLÓ

ÉTIKOS

mr · ediciones martínez roca

Imagen de cubierta: Zoe Berriatúa
Ilustraciones del interior: Pillet

Ninguna parte de esta publicación, incluido el diseño
de la cubierta, puede ser reproducida, almacenada o transmitida
en manera alguna ni por ningún medio, ya sea eléctrico,
químico, mecánico, óptico, de grabación o de fotocopia,
sin permiso previo del editor. Todos los derechos reservados.

© 2002, Silvia Agulló
© 2002, Ediciones Martínez Roca, S. A.
Diagonal, 662-664, 08034 Barcelona
Primera edición: octubre de 2002
ISBN: 84-270-2863-6
Depósito legal: B. 37.895-2002
Fotocomposición: Anglofort, S. A.
Impresión: A&M Gràfic, S. L.
Encuadernación: Especialidades Gráficas, S. A.

Impreso en España - Printed in Spain

ÍNDICE

A Bego,
por todo lo que no sé poner en palabras

AGRADECIMIENTOS

Gracias, Pablo, por darme la oportunidad de darte las gracias.

Gracias, también,
a mi madre y a mi padre, por el amor y la paciencia.
Al resto de mi familia: Dani, Yolanda, Diana, Joana, Alejandra, cuarenta y cinco, etc., por los genes.
A Fina, por los ánimos.
A Ana, por los consejos.
A Begoña, por la confianza (que da asco) y sobre todo a su kit familiar.
A Neus, mi queridísima primera lectora.

A Gurene, Merche y Karina, maestras todas.
A Ñu, por enseñarme a reírme de mí misma.
A Yol, por las carcajadas y nuestras frases célebres.
A Roland, por mimarme, y a Matías, por arrancarme de casa.
A Clara (son muchos años), Marina (por el humor más limpio), Mariona (cómplice de mis paranoias emocionales), Sandra (por Madrid), Pablo (por los medallones que ya son historia), Juancho (por tu compañía cibernética), Olivier-Hugues (por el reencuentro), Paola, Isa, José Luis, Tato, Ella... y al resto de clowns, por las risas y el cariño.
A Jordi (salvavidas informático).
A Elena, por saber esperar.
A Gema, Manfred, Nuria y Rosi, por darme fuerzas.
A algunos de los que trabajaron o trabajan conmigo, por mostrarme las cosas como son, consciente o inconscientemente, en lo bueno y en lo malo, en la salud y en la enfermedad, más de ocho horas al día, cinco días a la semana...
A los lectores conocidos que no he nombrado y a los desconocidos, por tener curiosidad por la ética... esperando que la curiosidad tan sólo acabe de empezar...

DECLARACIÓN DE INTENCIONES

Integrar la ética en la empresa no debería ser el objeto de un cuento de hadas, porque además de ser un tema serio y complicado, debe partir en todo momento de la más cruda realidad. Paradójicamente, las posibilidades que ofrece una aldea imaginaria habitada por los más conocidos personajes de los cuentos permiten explicar, a la vez que criticar, la gestión de la ética en las grandes empresas. El Lobo hará lo que sea por convencer a Cenicienta de su inocencia frente a una Reina acusada de engaño por los auditores éticos. No hay mal que por bien no venga, y si realmente esta historia es un cuento de hadas, debería acabar bien…, ¿o no?

A veces es más fácil explicar lo que no es, antes que definir lo que es. Esta fábula no es un cuento infantil y tampoco un manual de ética empresarial. Pretende ser la respuesta a una pregunta que muchas veces no he sabido contestar como quisiera. La pregunta es: ¿qué tiene que ver la ética con la empresa?, ¿acaso pueden ir juntas?

Este relato pretende explicar la relación entre ética y empresa desde un punto de vista optimista a la vez que realista. El cuento es una invitación a la reflexión sobre la responsabilidad de cada individuo de creer en la necesidad de una gestión ética. Sólo logras llegar, o acercarte a algo, cuando sabes adónde vas.

I

SUEÑOS DE UN LOBO NO TAN FEROZ

LIBERTAD. EL PRINCIPIO DE AUTONOMÍA

–¿Me podrías indicar, por favor, hacia dónde tengo que ir desde aquí?

–Eso depende de adónde quieras llegar –contestó el Gato.

–A mí no me importa demasiado adónde... –empezó a explicar Alicia.

–En ese caso, da igual hacia dónde vayas –interrumpió el Gato.

–... siempre que llegue a algún lado –terminó Alicia a modo de explicación.

–¡Oh! Siempre llegarás a alguna parte –dijo el Gato–, si caminas lo bastante.

LEWIS CARROLL,
Alicia en el País de las Maravillas

Érase una vez, en algún remoto lugar de nuestro planeta, una aldea tan pequeñita, tan pequeñita, que era imposible de localizar en un mapa. Tan diminuta era, que resultaba invisible al ojo humano, aunque no por ello dejaba de existir.

En ella vivían unos seres muy especiales, seres que antes eran anónimos, y que un día se hicieron tan famosos como lo son ahora. Pero ya explicaré en otro momento cómo llegaron a triunfar. En esta aldea tan lejana, vivían juntos los más queridos personajes de los cuentos. Increíble pero cierto: Pinocho, Bambi y Peter Pan compartían piso en el centro de este misterioso lugar. Peter Pan se empeñaba en hacer volar a Bambi (que ya era patoso intentando caminar), mientras que Pinocho aseguraba que su nariz era el mejor detector de mentiras del mundo (¿sería de sus propias mentiras o se lo inventaba?).

Hansel y su hermana Gretel eran grandes y gordos empresarios del sector de la confitería. Y Ricitos de Oro, la famosa cantante del grupo pop Somos Osos, se convirtió, sin duda, en la más popular artista desde que la Sirenita se retiró. Ricitos cantaba con su grupo los viernes y sábados por la noche en un local frente al instituto. Allí es donde estudiaban Blancanieves y la Bella Durmiente. Querían dedicarse a la medicina, ya que en ambas se daba un extraño y especial interés por la neurología, concretamente en la parte que investigaba el sueño.

A los que nada ni nadie lograba quitarles el sueño, era a los Siete Enanitos, famosos e incansables espeleólogos que viajaban a aldeas vecinas para dar conferencias sobre los importantes descubrimientos que realizaron cavando hacia el centro de la tierra. Desgraciadamente, abusaban de la irritante costumbre de ponerse a cantar a las seis de la mañana, como si así demostraran lo trabajadores que eran. Vivían en una casita del bosque, cerca de la orilla de un gran río. Blancanieves iba a visitarlos a menudo puesto que les tenía alquilada una habitación con vistas al bosque. Como ellos nunca estaban en casa, Blancanieves aprovechaba para ir a estudiar sola en aquel tranquilo entorno, lejos del mundanal ruido de la aldea.

Los Siete Enanitos tenían por vecino a Mowgli, un enamorado de la naturaleza que había preferido ese lado de la aldea porque le recordaba la selva que abandonó para casarse con Alicia. Sólo un tipo tan salvaje como Mowgli podía convencerla de que él era el hombre que haría realidad sus sueños, por absurdos que parecieran. Así logró que olvidara el País de las Maravillas e hicieron maravillas en su nuevo hogar.

Y es en este fascinante rincón del planeta donde la Reina y el Lobo se vieron obligados a descubrir el extraño mundo de la ética empresarial, de la mano de Cenicienta, cuya historia empezó como si de un cuento de hadas se tratara.

Cenicienta se licenció antes que sus hermanastras (demasiado preocupadas por los chicos para concentrarse en los estudios). Su madrastra casi se vuelve loca de rabia ante tal contradicción. ¿Cómo era posible que aquella niñata tímida y callada lograra aprobar antes que sus inteligentísimas hijas biológicas? Por si fuera poco, la Madrastra tuvo que ver además cómo Cenicienta había conquistado el corazón del Príncipe heredero, el que fuera conocido como el Príncipe solterón del reino. El Príncipe le quiso hacer el mejor regalo de bodas del mundo y pensó que a Cenicienta, con lo aplicada y estudiosa que era, le gustaría tener la oportunidad de hacer un máster en aldeas americanas. La Madrastra tomó al Príncipe por loco. ¡Qué forma de malgastar el dinero!

Así que Cenicienta no dudó en informarse sobre las mejores escuelas de negocios del mundo, averiguando qué tipo de posgrado prefería. Ya que podía escoger sin ningún tipo de limitación presupuestaria, procuró hacer algo que no existiera en la aldea. A nadie le extrañó que, con lo buena y bondadosa que había demostrado ser, tanto con sus hermanastras como con su madrastra, se viera atraída por un novedoso máster titulado MBE (*Master in Business Ethics*). En el folleto se hablaba de la importancia de los valores en la gestión de empresas, del respeto a las personas sin ningún tipo de discriminación, la no explotación infantil, la no contaminación, etcétera... Ella había conocido como nadie lo que es sufrir la humillación, la discriminación y la explotación, porque siempre tuvo que limpiar y fregar lo que sus hermanastras ensuciaban. Cenicienta creció deseando creer que la gente buena tenía un lugar en el mundo. Sentía que, cuando fuera mayor, lograría demostrar que se puede ser bueno y no morir en el intento. Su marido le decía que la vida no era un cuento de hadas, y que las personas no siempre acababan comiendo perdices. Por eso consideró que enviarla un año a que se formara sobre las realidades de la vida le iría muy bien y así podría trabajar con él cuando volviera.

Cenicienta se marchó sin saber que cuando regresara ya nada sería igual... La pobre Cenicienta experimentó lo cruel que llega a ser la vida con un duro golpe. Un día, por las noticias del canal internacional se enteró de la tragedia ocurrida a su marido. Éste sufrió un accidente mortal cuando había salido a pasear con la carroza de color calabaza. Cenicienta decidió ser fuerte, y consiguió acabar el curso que con tanto cariño le había animado a hacer su difunto esposo.

El negocio del desaparecido Príncipe era un importante banco que funcionaba muy bien como gestora de fondos de las personas más ricas de la aldea. Prestaba dinero a quien no tenía y cobraba por ello. Guardaba el dinero a los ricos (les pagaba por ello) y se lo daba a quien lo necesitaba, cobrando también intereses por ello. Pagaba menos a los ricos de lo que cobraba por el préstamo. De esta forma, las cuentas siempre le salían favorables. La única contrapartida era el riesgo en que a veces incurría al confiar en iniciativas que no funcionaban, o al confiar en personas que no le podían devolver el crédito. Pero incluso ante eso sabía cómo cubrirse; siempre solicitaba avales.

Cuando volvió a la aldea, Cenicienta decidió tomar las riendas del banco de su difunto esposo incorporando nuevos conceptos que había aprendido. Lo de prestar dinero a los que lo necesitaban le pareció una bonita forma de mantener la ilusión de las personas para conseguir sus proyectos, sus sueños. Y así fue cómo Cenicienta pasó de ser la recién casada princesa salida de un cuento de hadas a ser la directora de una empresa dedicada a invertir en proyectos éticos.

Curiosamente, había otra familia real en la misma aldea, de la que sólo quedaba con vida la Reina, algo malvada y terriblemente presumida, siempre con un espejo a mano para retocarse. La Reina enviudó muy joven, cuando el Rey murió de una extraña indigestión. Tras unos pocos años de obligado luto, la Reina abrió las puertas del palacio a todo tipo de acontecimientos, fiestas y demás demostraciones de pretendido *glamour.* Pero pronto se cansó de envenenar con sus ácidos comentarios a las hermosas damas que competían entre sí por ser la más bella del reino. Harta de tanta superficialidad, decidió sentar cabeza. Cada vez aborrecía más las fiestas con personalidades de la aldea y quería hacer algo por sí misma, para realizarse como mujer. Necesitaba salir de aquel laberinto de lujuria desenfrenada y desproporcionado despilfarro.

En una de sus fiestas, conoció a una famosa modelo retirada del mundo de las pasarelas. Decidió no echar en su copa los polvos, que provocaban un terrible ardor de estómago. Hicieron buenas migas al coincidir en su obsesión por la belleza, el cuerpo y la elegancia. La modelo añoraba los años en que su cuerpo era joven y sano. Al consolarla, la Reina tuvo una visión: se le ocurrió que podría utilizar su lujoso palacio como lugar de encuentro para damas selectas preocupadas por mantener su belleza. Aunque algunos la tenían por bruja (era conocida en la aldea su extraña costumbre de hablar de noche con los espejos del palacio), muchas damas empezaron a confiar en su balneario como nuevo centro de juventud y belleza. La clave del éxito consistía en los baños con el agua de una extraña cascada que pertenecía al palacio. La Reina insistía en que su belleza y la de sus antepasados provenía de aquella agua divina que sólo los dioses podían haber creado. Por eso bautizó el nuevo centro con el nombre de Agua Divina.

El coste de los tratamientos era excesivamente alto y no todas las damas podían permitirse semejante capricho. La Reina necesitaba ingresos para mantener brillante su lujoso palacio, los miles de espejos que abarrotaban las salas habían de limpiarse a menudo y el servicio no daba abasto. A pesar de contar con clientas fieles a los tratamientos, víctimas de la obsesión por la belleza, no lograba hacer dinero. Reconocía que la gestión no era su fuerte y cada vez se enfrentaba a mayores y más preocupantes dilemas: ¿se compraba un abrigo de pieles blanco como la nieve, o pagaba el salario al servicio?

Definitivamente, el balneario, a pesar de ser una buena idea, no era rentable, ya que no acudían suficientes clientas. Quería hacer algo, pero no sabía por dónde empezar. Podía pedir un préstamo al banco, pero, desde que estaba Cenicienta, la Reina ya no sabía cómo usar las armas de mujer que tanto la habían ayudado con otros banqueros para conseguir sus propósitos. Sufría cada vez más angustia y le estaban saliendo arrugas en la frente y la nariz. Cada día bebía un poco más, sólo el alcohol lograba aliviarla.

Terriblemente orgullosa, la Reina no podía aceptar el fracaso, igual que no podía soportar no ser la más bella. En el fondo necesitaba controlar todo lo que ocurría a su alrededor. Ser el centro de atención paliaba sus inseguridades. Deseaba conservar las dotes de Reina malvada y mantenerse firme en su trono. Era Reina por nacimiento, y también por vocación, no sabía ser otra cosa..., pero la aldea cada vez prescindía más de su *rol.* Ya no tenía las riquezas de antes, se había convertido en esclava de su reducido círculo de amistades, cuyos principales valores eran la apariencia y la superficialidad. La Reina se sentía cada vez más triste y sola. Cada noche, antes de acostarse, le preguntaba al espejo si seguía siendo la más guapa de la aldea, y el espejo ya no contestaba, ni ella misma se veía ya hermosa. ¿Quién salvaría a la Reina?

El Lobo era un personaje famoso en la aldea por sus continuos asaltos a personas indefensas, especialmente niñas que vestían de rojo. Era el dueño de un restaurante que estaba en lo más alto de la colina que había junto a la aldea. Cuando salía del mismo, la vida nocturna no hacía más que agudizar sus repentinas ansias de ligoteo. En El Hostal de la Abuela, su restaurante, comían familias adineradas que apreciaban el buen sabor y la elaboración de la carne de cerdo en todas sus formas, ésa era la especialidad de la casa. El Lobo siempre acababa consiguiendo lo que quería a base de ambición. Nada detenía su carácter emprendedor, aunque eso también le traía sus problemillas. No podía disimular un temperamento impaciente, especialmente cuando bebía. Tampoco era disimulable su gran barriga, fruto de su devoción por la cerveza.

Una noche, cuando volvía de una juerga con sus colegas, topó con una preciosa jovencita que llevaba una caperucita roja, que iba a ver a su abuela. El Lobo no sospechó que aquel acontecimiento iba a cambiar tan drásticamente el rumbo de su alocada vida. Logró convencer a la joven para ir a tomar algo al bar donde tocaba el grupo de moda, Somos Osos. La chica se confesó fan de Ricitos de Oro, así que aceptó encantada la invitación y, con el móvil, le envió un mensaje a su abuela para que no la esperara. Después de unas cuantas copas, el Lobo sólo recordaba que se había despertado en medio del bosque sin saber cómo había llegado hasta allí. Estuvo toda la noche vomitando, como si tuviera una grave indigestión, y sentía la barriga tremendamente hinchada, como si se hubiera tragado cientos de pesadas piedras. A la chica de la caperucita roja no la volvió a ver jamás, pero siempre sospechó que algo raro le había echado en la copa.

El Lobo era bebedor, pero nunca había perdido el sentido de esa forma. El doctor le aconsejó que dejara de fumar y beber, recomendación previsible, pero también le recetó una existencia tranquila, con una rutina y con un horario que le permitiera vivir más de día que de noche. El Lobo tuvo que enfrentarse entonces a un gran reto: dejar la vida de *parrandeo* y dedicarse a ganarse el pan, como cualquier hijo de vecino. El restaurante no ayudaba a llevar un horario decente, así que tuvo que pensar en alguna opción que lo alejara de las tentaciones nocturnas.

La misma noche de la grave indigestión tuvo una aparición, aunque puede que fuera una alucinación provocada por la anestesia que le aplicaron al lavarle el estómago. Vio el bosque, convertido en un inmenso parque de atracciones y lleno de niñas con caperucitas rojas. Las niñas corrían entusiasmadas de un lado a otro. Si ese parque existiera de verdad, podría ver muchas niñas vestidas de rojo siempre que quisiera. Y lo que es más importante, podría trabajar de día. Le puso nombre a su recién inventado parque temático: Little Red Park, en honor a aquel día en que una misteriosa jovencita con caperucita roja le cambió la vida.

Sin embargo, el Lobo estaba preocupado: ¿por dónde empezar semejante hazaña? Él sólo sabía gestionar el negocio del restaurante. Y su única experiencia en parques infantiles eran un columpio y un tobogán que tenía el restaurante frente al aparcamiento. Necesitaba dinero para invertir y alguien que supiera atraer a gente interesante. Tenía miedo de embarcarse solo en el proyecto, quería asociarse con alguien que le permitiera hacer realidad el sueño del parque de atracciones. Sin embargo, el Lobo no era un ser que inspirara mucha confianza, al contrario, muchos le temían, al creer todas las habladurías que circulaban acerca de él. Los padres contaban historias crueles sobre sus asaltos a niñas indefensas. Realidad o mito, era innegable que las aventuras que se contaban de nuestro protagonista nunca pasaban desapercibidas.

Algunos aldeanos, que lo conocían bien, aseguraban que no era para tanto, que incluso, en la intimidad, solía ser encantador, un poco animal a veces, pero con un gran sentido del humor. Sea como fuere, el Lobo se veía a menudo perjudicado por ser tan distinto a los demás, y esa discriminación social le hacía encerrarse todavía más en sus rarezas. Así se convirtió en Lobo de pocos amigos y, consecuentemente, de muy pocos socios.

Uno de ellos, cuya máxima era «a más riesgo, más posibilidades de perder mucho o ganar mucho más», había invertido un importante capital en El Hostal de la Abuela, y estaba contento con la gestión del Lobo. Por eso, fue el primero a quien el Lobo propuso participar en la iniciativa del parque. El socio mostró interés escuchando detenidamente sus ideas, sin embargo, le contó que acababa de embarcarse en otra aventura de la mano del capitán Garfio, la organización de cruceros en los mares del país de Nunca Jamás. Incluso intentó convencer al Lobo para que le acompañara en su viaje marítimo en vez de complicarse en semejante proyecto infantil.

El Lobo sabía que la idea del parque temático era algo alocada, pero confiaba en su instinto y era consciente de que de él dependía que su sueño se hiciera realidad. Por eso, no se desanimó ante la negativa de su socio, y decidió intentarlo con cualquiera que pudiera tener interés, especialmente en el restaurante.

Una vez, entró el Príncipe de Guirimaldi. Tras invitarle a unos chupitos, le contó con todo tipo de detalles las ventajas y garantías de invertir en Little Red Park. El Príncipe le sugirió que valorara otras opciones, puede que disfrutara más abriendo un casino en el palacio de la Reina, por ejemplo. No era mala idea, sólo que el Lobo quería trabajar de día y, además, las niñas con caperucita roja no van a los casinos.

Porque ése era el problema, vivir de día. El Lobo estaba cambiando, pero no podía demostrarlo hasta que algún inversor confiara en él. Sentía que no tenía problemas con los colegas nocturnos, capaces de liarse en cualquier locura ya, fuera un crucero o un casino. En cambio, cuando su instinto lo llevaba a algo tremendamente ambicioso, los contactos no le servían para nada. Su popularidad no lo ayudaba. En algunos casos, incluso le perjudicaba. Tras muchos intentos, el Lobo asumió que la mayoría de los candidatos a invertir no confiaban en él. Una noche oyó la conversación de dos clientes de su restaurante:

–¿Que tienes una reunión de negocios con el Lobo? ¿Te has vuelto loco o es que te sobra dinero de golpe? ¿Te ha tocado la lotería? Sólo el chiflado de su socio es capaz de meterse en semejante riesgo. ¡Mira con quién se ha unido ahora! ¡Ni más ni menos que con el capitán Garfio! Mala gente, hazme caso...

Fue en ese momento cuando, sin duda alguna, comprendió que debía cambiar de estrategia. Así no iba a encontrar socio. No podía contar con sus colegas de la noche, ya que éstos lo enfocaban todo hacia rentabilidades de corto plazo.

Aunque la realidad fuera desmotivante, el Lobo confiaba totalmente en su instinto y en que alguien más podría tener esa misma capacidad. «No todos somos borregos, algunos sabemos distinguir un cuento chino de la verdad», pensaba.

Entonces se acordó de la Reina; puede que ella le comprendiera. Era una buena especialista en apariencias, una virtuosa del arte del engaño. Una mujer así no debería temer la fama del Lobo, puesto que sabe distinguir lo falso de lo real. Convencerla a ella supondría entrar por la puerta grande.

Así que el Lobo empezó a preparar una argumentación convincente. Encontró dos buenos motivos que sin duda alguna despertarían el interés de la Reina:

1. Esa inversión la ayudaría a pagar las deudas.
2. Al ganar dinero podría admirarse todos los días en todos los espejos, sin más preocupaciones.

Decidió dar un paseo hasta el balneario Agua Divina, conocido en la aldea como el palacio de los espejos parlanchines. Cuando llegó allí, se encontró en el aparcamiento con el príncipe de Guirimaldi, que acababa de proponer a la Reina montar un casino en el balneario. Ella no había mostrado interés, alegando falta de capital para invertir en ese momento. Al Lobo no le extrañó tal respuesta, era conocedor de la existencia de esas deudas. Se despidió del Príncipe amistosamente y entró por la puerta principal.

–Buenas tardes, querida Reina, es un placer para mis ojos, para mi olfato y para mis grandes orejas poder disfrutar de su presencia –dijo el Lobo haciendo suntuosas reverencias.

–Hola, Lobo. ¿Qué te trae por mi palacio? Puedes tutearme, de jóvenes fuimos algo más que amigos –contestó sonriente la Reina.

–Sí, y fuiste una de mis preferidas, lástima que enamoraras tan pronto al Rey viudo, habríamos jugado mucho más tiempo en el bosque. –El Lobo le dirigió una mirada picarona, buscando la complicidad de tiempos pasados.

–Agradezco tu discreción, Lobo, sé que en el fondo eres un caballero.

–Reina de la aldea, gracias a ti por recibirme. Necesito desesperadamente hablar contigo, pues creo que sólo tú podrás comprender mi angustia.

–He accedido a aplazar mi limpieza de cutis en tu honor, así que habla. Cuanto antes empecemos, antes acabaremos.

La Reina se mostraba algo distante, incluso arrogante, como protegiéndose de las garras del Lobo.

–Tengo un impresionante proyecto entre manos, pero no he encontrado a nadie en la aldea que confíe en mí. Todos dicen que me aprecian, pero no se atreven a invertir ni un euro en mi gran idea.

–No me extraña, nunca te has preocupado de tu imagen, y la aldea es pequeña. Las envidias nacen muy fácilmente cuando a uno le van bien las cosas, y en tu caso mi teoría es todavía más cierta. ¿Me equivoco?

–Cierto es que no me puedo quejar, he logrado montar un rentable restaurante que me permite vivir muy bien. Pero, tal como dices, creo que tengo una imagen que me está perjudicando. No comprendo qué hay de malo en ser uno mismo en esta vida. ¿Por qué todos debemos ser borregos y obedecer las leyes que marca la sociedad si no estamos de acuerdo con ellas? Yo no tengo nada que ver con esas leyes.

–Bueno, podríamos hablar largamente sobre esa rebeldía que te caracteriza, Lobo, pero ya te he dicho que me espera una limpieza de cutis –respondió la Reina, que parecía impacientarse y no soportaba que interrumpieran su ritmo (era la segunda visita inesperada en la misma tarde).

–¿Acaso es rebeldía perseguir lo que uno considera justo y bueno para sí? –insistió el Lobo.

–Bueno, mi madre siempre me decía que, mientras no le hagas daño a nadie, puedes hacer lo que quieras, que en eso consiste la libertad –afirmó la Reina.

–Si eso es lo que la gente entiende por libertad, en mi caso no existe, pues la ignorancia de los demás me perjudica y limita mis acciones. La gente juzga mi modo de vida sólo porque es diferente del resto, pero no me conocen en absoluto. Sé que no es común en la aldea vivir de noche, y menos salir con una jovencita diferente cada semana, o emborracharse de tanto en tanto. Pero dime, Reina, ¿a quién hago daño siendo así? Soy claro y no engaño a nadie. ¡Y bien que podría hacerlo! Sólo me perjudico a mí mismo siendo como soy. Por eso he decidido abandonar la noche por el día. Sin embargo, los demás no escuchan, y no comprenden que he cambiado. No confían en mí y de nada sirven mis discursos de retórica excelente. Carezco de credibilidad en cuestión de inversiones a largo plazo...

–No es que no confíen en ti, es que desconfían de los que no saben seguir el juego de las apariencias. La mayoría de los inversores juegan a interpretar una forma de ser. Desde muy joven comprendí que la gente sólo escucha lo que quiere oír. Por eso los creyentes creen que soy fiel al Señor, aunque prefiera llevarlo discretamente, y los modernos creen que estoy al día, sólo porque me dejo caer en los conciertos de Somos Osos de vez en cuando. Se trata de saber jugar a lo que es políticamente correcto. ¿Te gustaría saber qué opino de todo esto?

La Reina, que hasta entonces había estado de pie, se dejó caer en su trono y añadió a modo de sentencia:

–Que la apariencia tampoco es la panacea. Lo he comprobado. Yo ya no sé quién soy, tengo deudas por pagar y ya no sé a quién acudir. Le debo dinero a tanta gente, que ya no sé a quién le debo qué.

–Agradezco la confianza, Reina, y comprendo tu desesperación. Permíteme sorprenderte con una idea que podría ser la solución a nuestros problemas.

–Háblame pues de tu fantástico proyecto, aunque no veo qué interés puede tener el complicarse aún más la existencia.

La Reina iba hundiéndose cada vez más en su trono.

–Reina, vengo a salvar tu palacio, que tanto quieres. Estoy al corriente de tus graves problemas financieros, y no soy el único. La gente empieza a hablar, ya sabes, la aldea es pequeña.

–¿Vienes con una propuesta para salvar mi palacio? ¿Y desde cuándo un Lobo se interesa por ayudar a la aristocracia? Algo grave te sucede, querido asaltador de niñas indefensas. No me digas que te has cansado de engañar a esas bobas con caperucita roja y que tu ambición te ha llevado hasta mí. ¿Qué te hace creer que yo confiaré en ti?

Aunque la Reina se mostraba escéptica, el Lobo continuaba su argumentación:

–Vale, lo reconozco, he cometido errores. No he jugado nunca a las apariencias y menos al juego de lo políticamente correcto.

–Lobo, no tengo nada para ofrecer –interrumpió la Reina tratando de zanjar la conversación.

–Si no vengo a pedir dinero, ¡muy al contrario! Ya sé que estás arruinada.

–Bueno, bueno, tampoco exageremos...

La Reina no podía admitir ese adjetivo en su vocabulario: una Reina arruinada, no tenía sentido.

–Reina, podríamos unir fuerzas e intentar convencer a algún banco. Tú no tienes dinero pero sí popularidad, contigo el proyecto será más fácil. Sólo debes confiar en mí.

La Reina se incorporó al instante.

–Ay, Lobo, el tema está complicado. Creo que ya he visitado todos los bancos de la aldea. La única persona que nos querría escuchar es Cenicienta, y ya sabes cómo le ha dado con eso de la ética desde que ha vuelto de las aldeas americanas.

–Si cabe la posibilidad de que nos escuche, al menos deberíamos intentarlo. No me voy a dejar vencer por su ideología. Si hay que hablar de ética, hablamos de ética, ya sabes que labia no me falta.

–Está bien. ¿Y qué gano yo con todo eso? ¿Cuál será mi papel en esta historia? ¿Qué será de mi palacio? –La Reina seguía sin comprender qué esperaba el Lobo de ella, sólo veía complicaciones y seguía sufriendo el retraso que llevaba su *peeling ultrameganuclear*.

–Mi querida e inteligentísima Reina, no es mi intención asaltarte, aunque deseo seducirte con el proyecto que puede salvar nuestras vidas. –Y el Lobo empezó su estudiado y calculado discurso.

Astuto como el hambre, el Lobo consiguió mantener la atención de la Reina. Concentró todos los esfuerzos en deslumbrarla. Desplegó un inmenso pergamino donde se veían claramente todas y cada una de las atracciones que constituían el parque: atracciones acuáticas, casas de terror, vertiginosas montañas rusas, etcétera. En medio, se alzaba el palacio de la Reina. Le contó al detalle las maravillas del parque temático. Y de dónde procedía el nombre de Little Red Park. Trató de explicarle las ventajas de una colaboración con el balneario. Insistió en que tendría más clientes gracias al parque temático. La Reina atendía a los argumentos del Lobo manteniendo cierto escepticismo; sin embargo, le parecía una idea divertida. Como la visita se estaba alargando, solicitó al servicio que le hiciera la manicura mientras escuchaba pacientemente todas las ventajas que obtendría si participaba en Little Red Park, el parque donde ilusiones de personas de todas las edades se hacían realidad.

Y así fue como el Lobo, ferviente defensor de la libertad de expresión, optó por aprovechar esa capacidad para, a su manera, retar a la opinión pública atacando directamente a su raíz, la Reina, virtuosa del engaño. Ésta, a pesar de ser una pésima gestora, disfrutaba de una buena imagen pública, mientras que el Lobo era injustamente tildado de mala persona por una fama que él nunca había evitado. El Lobo iba repitiéndose para sus adentros las siguientes reflexiones: «¿Qué hay de malo en seducir a jovencitas? ¿Y en vivir la noche? ¿No será envidia quizá de aquellos que no se atreven a ser como quieren ser? ¿Será que cuesta aceptar que nadie es más que nadie?».

¿Conseguirá el Lobo convencer a la Reina de las ventajas de Little Red Park? ¿Accederá la Reina a ceder el protagonismo de su palacio a un parque temático? ¿Y el socio del Lobo? ¿Se hundirá en un crucero camino del país del Nunca Jamás?

MORALEJA 1

- Es más fácil encontrar inversores de corto plazo que de largo plazo.
- Son muchos los que sólo escuchan lo que quieren oír.
- El juego de lo políticamente correcto ayuda a proteger la imagen pública.
- La apariencia tampoco es la panacea.
- Hablar de ética no es más que eso, hablar.
- ¿Nadie es más que nadie?

2

EL CONTRATO REAL

EL PRINCIPIO DE JUSTICIA

Uno se olvida de juzgar y criticar a los demás cuando está lleno de dudas sobre sí mismo.

Hermann Hesse

El Lobo y la Reina quedaron en encontrarse unos días más tarde para analizar detenidamente una propuesta formal de colaboración. Sin pensarlo dos veces, el Lobo hizo la maleta para encerrarse el fin de semana en su casa de verano (a pesar del frío que hacía en esos días). Necesitaba un lugar tranquilo para trabajar en su sueño. Se llevó el portátil, víveres y un montón de libros infantiles. Proyectó un parque temático inspirado en los cuentos de toda la vida. Se sentía orgulloso de su obra, sabía que tal creatividad lograría despertar la ilusión de miles de niñas con caperucita roja, y también de niños, claro. Lo primordial era generar una importante fuente de ingresos para rentabilizar el proyecto a medio plazo.

Para el Lobo, la parte numérica resultaba terriblemente aburrida; por suerte, su socio del restaurante le echaría un cable. Pensó entonces en la participación de la Reina. El Lobo sabía que la Reina no se dejaría engañar fácilmente, por eso intentó pensar en propuestas para que ambos salieran ganando, de esta forma, seguro que ella firmaría el contrato y el acuerdo podría perdurar en el tiempo.

El tema más delicado que debía tratar con ella se centraba en el uso del agua. Si se usaba el agua del balneario como atracción acuática, se devaluaba toda la imagen de prestigio que con tanto cariño la Reina había sabido crear. Entonces, ¿cómo podía utilizar el agua y al mismo tiempo conservar el prestigio del balneario de la Reina? Un Agua Divina no puede servir para todo, y sus mínimas nociones de marketing le recordaban que cada producto cubre una necesidad y que cada necesidad tiene su público. ¿Había alguna coincidencia entre el público de un parque temático y el de señoras preocupadas por la belleza? Este punto era crucial para la compatibilidad de intereses entre el proyecto del parque y el balneario.

Telefoneó a un viejo amigo especialista en investigaciones de mercado. Le hizo su consulta y, al cabo de unas horas, éste le devolvió la llamada. Había encontrado una curiosa estadística: el 30 % de las mujeres de entre treinta y cuarenta y cinco años están preocupadas por las arrugas. ¡Eso sí que era una buena noticia! Esas mujeres suelen ser madres. ¡Todo encajaba en su cabeza! Podría convencer a cada uno con su fantasía. Los niños, encantados por estar en un lugar de cuento, y las madres, por sentir que se cuidaban recuperando su figura de cuando se sentían princesas. Puede que en el palacio hubiera incluso suficiente espacio como para montar un quirófano de cirugía plástica. Pero no, esa ocurrencia era excesiva, no se imaginaba a las madres pendientes de los niños con la cara llena de vendas.

En fin, ahora ya sabía que, en principio, podían convivir dos ideas tan dispares como la del parque y el balneario, pero eso no solucionaba el problema del desprestigio del agua. Podía ocultar discretamente la verdad y no reconocer nunca públicamente que el agua utilizada para los masajes de burbujas regeneradoras servía también para la gran cascada de la principal atracción acuática. Quizá la Reina aceptara eso, pero... ¿qué opinaría Cenicienta? Recordó de golpe que sólo podían recurrir al Hada's Bank de aquélla y que deberían demostrar a la sociedad que su gestión era ética. (¿Quién demonios se inventó eso de la ética empresarial?, se preguntaba el Lobo.) No estaba muy seguro de las implicaciones de tener que demostrar que su gestión era ética ¿Habría algún tipo de auditoría? Decidió no dar mucha importancia al tema, cada cosa a su tiempo. Y llegado el caso, lo intentaría como fuera.

Cuando volvió del fin de semana, no había encontrado solución al tema del agua. Casualmente, esa noche cenaron en el restaurante los Siete Enanitos, los famosos espeleólogos conocidos hasta en muy lejanas aldeas. El Lobo los invitó a chupitos y, al cabo de unas cuantas risas, uno de los enanos confesó haber bebido agua de la cascada del Agua Divina tras colarse por un agujero de la verja del palacio. Aseguraba que esa agua era mágica, y que al beberla se convirtió en un ser alto y delgado, todo lo contrario de un enano. El efecto le duró unos segundos, y por eso nunca lo había explicado a nadie, sabía que no le creerían. Incluso él tenía sus dudas ya que volvió a probar el Agua Divina, mas esta vez no bebió del mismo sitio, sino de justo antes de que el agua llegara a la cascada provocada por un desnivel pronunciado, antes de entrar en los lagos naturales del palacio. El agua no tuvo el mismo efecto; pudo comprobar que no funcionaba. El enanito dijo que no sabía qué creer sobre aquello. ¿Podría ser que la primera vez que bebió tuviera algún tipo de reacción alérgica que no se dio en su segundo intento?

Los colegas empezaron a divagar sobre la experiencia. Seguramente, la causa la encontrarían explorando a fondo el tipo de roca que había en el desnivel que formaba la cascada. Dicho y hecho. Como ya era de madrugada, decidieron ir al instante a inspeccionar la cascada entonando, cómo no, su canto característico para ir a trabajar.

Ya voy, ya voy, me voy a trabajar.
Qué bonito es el madrugar,
ya voy, ya voy, ya voy, ya voy.
Ya voy, otro día más
para aprender qué bonito es,
ya voy, ya voy, ya voy.
Ya voy, ya voy.
Me voy a explorar.
Qué bonito es el madrugar.
Ya voy, ya voy, ya voy, ya voy.
Ya voy, que hay que madrugar.
Para trabajar cada día más,
ya voy, ya voy, ya voy, ya voy, la la, la la la la la…

Cuando llegaron al lugar, los ojos se les salían de las órbitas, impresionados por la extraña naturaleza de la roca que provocaba la cascada. Aseguraban desconocer el origen de ese tipo de piedra, podía ser fácilmente de otro planeta. No habían visto nunca nada igual. El enanito

Valiente volvió a realizar la prueba ante los demás. Intentó convencerlos de que era más alto, mientras los otros lo miraban asombrados. Su estatura era exactamente la misma. El agua no lo había hecho más alto, pero sí parecía trastornarle la visión. Tomaron muestras del agua antes y pasada la extraña roca. No dieron más importancia a la reacción alérgica que había sufrido el enano.

La cuestión es que, al analizarla, comprobaron que el agua de antes y de después de la cascada tenía diferente composición. El Lobo estaba encantado, la solución a su problema se había resuelto justo la noche antes de la entrevista con la Reina. El Agua Divina no se desprestigiaría si se explicaba bien al público que sus adelgazantes propiedades provenían de la roca. El parque utilizaría el agua antes de que llegara a la cascada.

Antes de acostarse, el Lobo repasó orgulloso el contenido de su informe: el gestor del parque sería él, y la Reina se encargaría de las relaciones públicas y del marketing, es decir, campaña publicitaria, cuñas de radio, inserciones en prensa, esponsorizaciones, publicidad en las agencias de viajes, diseño de los logotipos..., toda esa parafernalia que el Lobo, aunque reconocía que era necesaria, aborrecía profundamente. Él prefería sentirse el amo y señor del proyecto y vender ideas, eso era lo suyo.

Al día siguiente, llegó puntual al palacio. La Reina le estaba esperando, esta vez ya con la manicura hecha. El Lobo le resumió brevemente el contenido del contrato. Por un lado, él llevaría la gestión íntegra tanto del parque como del hotel-balneario. La Reina, por su parte, sólo debería preocuparse de las relaciones exteriores y el marketing, dos áreas para las que el Lobo consideraba que estaba altamente cualificada. La Reina, sin embargo, esperaba otro tipo de acuerdo. Ella creía que seguiría siendo la propietaria del palacio y que, además, tendría derecho a participar en un 50 % en el proyecto del parque. A cambio, autorizaba al Lobo a utilizar las instalaciones del palacio a modo de hotel, así como los terrenos que po-seía. El tema del agua era otro aspecto importante a discutir.

–Lo que propones es una posibilidad –dijo cortésmente el Lobo–, pero comprenderás que no me parezca aceptable, pues el contrato debe servir para confirmar nuestro interés en común. Si tú ganas más que yo, el interés que tendremos ya no será el mismo. Y, por definición, en una empresa todos debemos tener un interés en común.

–Puede que yo tenga algún interés, pero diferente al tuyo –añadió la Reina.

–Lo importante es que ambos tengamos algún interés aunque sean distintos, ¿no?

–Pero mis motivaciones son distintas a las tuyas –insistió la Reina–. Mi propuesta es interesante para ti. ¿Acaso no es mejor esto que nada?

–Ya, pero no lo encuentro justo. La idea es mía, no puedes pretender que acepte que tengas más poder que yo en el proyecto. Y no sólo lo digo porque crea que soy mejor gestor que tú. Perder esta oportunidad es peor para ti. ¡No soy yo el que debe dinero a media aldea! ¡No comprendo cómo puedes mantener una buena imagen!

–Vaya hombre, ¿ahora el Lobo se atreve a juzgar si merezco tener una buena imagen? Cada uno tiene su función en esta aldea, y yo, como Reina, no puedo estar por debajo de un plebeyo como tú. Ésa es una norma tan importante como antigua.

–Pero, Reina, ponte por un momento en mi lugar. ¿Aceptarías tú tal propuesta?

–No puedo ni imaginarme cómo debe de ser eso de la plebe. ¿Cómo pretendes que me ponga en tu lugar?

–Vale, olvídate por un momento de que yo soy un vulgar Lobo y de que tú eres Reina. Haz el esfuerzo, intenta imaginar que estamos en una isla desierta, sin roles, somos individuos iguales.

–¡Bueno, puede ser divertido! ¿Comeremos pescado crudo? Me encanta el sushi...

–Sushi, está bien. Pues resulta que yo he conseguido

sushi. –El Lobo desconocía qué tipo de pescado extraño podía ser ése, no lo tenía en la carta de su restaurante.

–Me invitarías, ¿verdad? –preguntó la Reina.

–Claro, cómo no, en condiciones normales. Pero si no tuviera nada más para comer, y estuviera hambriento, dudaría mucho en compartirlo contigo.

–Bueno, si es una cuestión de supervivencia... Si fuera yo, no te lo daría.

–¡Ajá! Acabas de ponerte en mi lugar y has dicho que no me lo darías.

–Sí, es cierto, ¿qué interés podría tener en compartirlo?

–¿Y si te diera algo a cambio? Como por ejemplo un collar de conchas que habría hecho con esmero.

–¿Un collar? Me encantan los collares, pero se supone que estoy hambrienta, ¿no?

–¿Cómo podría entonces comprarte el sushi? –le preguntó el Lobo.

–Con algo para comer que me gustara igual o más.

–Pues eso es lo que ocurre con el contrato que quieres que firme. Me estás dando un collar y yo necesito comer.

–¿Entonces? –preguntó desconcertada.

–Considero que tu propuesta no es justa, ambos tenemos que ganar algo. Si no es así, mejor no hacer nada. Tengo mis dudas de que el proyecto prospere dejándote al mando de la gestión del hotel-balneario. Y no te lo tomes a mal, seguro que la relación que tienes con los clientes es excelente, pero reconoce que las cifras no son tu fuerte.

–¿Qué me dices de la explotación del Agua Divina que está en mi propiedad? Eso tiene un precio y, además, no tengo nada claro que quieras usar el agua para las atracciones.

–Lo sé, Reina, no hay problema. He estado investigando y, gracias a ello, tenemos un estudio científico que avala las características terapéuticas de esa agua.

–¿Ah, sí? ¿Y cómo lo has conseguido?

–Anoche nos permitimos la osadía de colarnos por debajo de la verja del palacio...

–¿Nos? ¿Quiénes?

–Los Siete Enanitos espeleólogos y yo.

–Vaya, ¿debo darte las gracias por invadir ilegalmente mi propiedad privada?

–Reina, no te enfades aunque tengas motivo, era muy tarde, de madrugada, y no quise despertarte.

–Bueno, ahora ya sabes lo que todas mis fieles clientas saben, que el Agua Divina es mágica, ¿y qué? ¿Hará volar las balsas de tu atracción Super-cascada-acuática? Sigo sin ver cómo solucionamos lo del agua.

–Verás, Reina. Si analizas el agua antes de que entre en el palacio, es decir, justo antes del desnivel que forma la cascada natural, los resultados son diferentes: la composición del agua varía de la del Agua Divina. Los espeleólogos atribuyen los beneficios del agua a la extraña roca que provoca el desnivel. Desconocen su procedencia, y consideran que podría ser un meteorito.

–Para meteoritos estoy yo. ¿Qué significa todo esto? ¿No tienes suficiente con colarte con siete extraños en mi palacio, de madrugada, que encima pretendes hacerme creer que tengo un pedrusco extraterrestre en el jardín?

–Lo que intento decirte es que puedo usar libremente el Agua Divina antes de que pase por ese..., esa roca, y así no mentimos si decimos que el agua de las atracciones no es el Agua Divina. La imagen de tu agua no quedará desprestigiada. El terreno donde se ubica la fuente de agua que precisa el parque también es de tu propiedad, así que no tendremos ningún problema. Tenemos agua suficiente y para todo. El Agua Divina sigue siendo de uso exclusivo para el balneario, el parque de atracciones no la necesita –concluyó orgulloso de su exposición el Lobo.

–¡Vaya con el Lobo!, eres listo, muy listo. Bien, tema del agua astutamente resuelto. Pero no estoy contenta, no señor.

–Pero ¿por qué? ¿No es una buena noticia?

–Tampoco es justo que decidas por mí el destino de mi palacio, ¿no crees que podrías haberme consultado antes? Me hubiera gustado sentirme incluida en el momento de la decisión. Para empezar, no tendrías que haber entrado a escondidas. Por eso, por tu forma de ser, insisto en seguir mandando en el proyecto, temo que lo único que quieres es aprovecharte de mi buena imagen y mantenerme al margen de todo lo demás.

La Reina se mostraba insegura, no lograba hacerse a la idea de ver al Lobo tomando decisiones sobre su palacio. ¡Se sentía destronada por momentos! Se suponía que aquella iniciativa iba a salvar su palacio; en cambio, ella sufría pensando en qué podía ocurrir si dejaba su imperio en manos de alguien como el Lobo.

–Bueno, Reina, en cuestiones de gestión se supone que yo soy el experto –dijo el Lobo en un tono suave, intentando calmarla.

El Lobo estuvo un buen rato procurando convencer a la Reina, dándole motivos y ejemplos para que confiara en su gestión. Le hizo ver las ventajas y desventajas de las distintas opciones que podían plantearse si llevaban a cabo el proyecto conjuntamente. Por fin, logró que flexibilizara su postura:

–Estamos juntos en el proyecto o no lo estamos –concluyó ella–. Quiero permanecer al corriente de todas las decisiones. Como parte implicada exijo el cincuenta por ciento del voto en cada decisión importante, sea del parque o del palacio.

–¡¡Pero, Reina, eso significa que tengo que consultártelo todo!! Acabarás harta de mí...

–Bueno, TODO tampoco creo que sea necesario. Sabes lo ocupada que estoy con mis sesiones de belleza. Debo probar todos los nuevos productos antes de utilizarlos en el balneario. Precisamente acaba de llegar un gel para *peeling* facial de última generación que podría ser un éxito para las sesiones de limpiezas faciales.

–Está bien, confía pues en mí y me comprometo a comentarte lo que considere importante.

–¿Y qué es importante para ti? ¿Será lo mismo que para mí?

El Lobo estaba empezando a sudar. Sugirió algo que a la Reina le pareció convincente:

–Bueno, al principio te consultaré más cosas para ir definiendo juntos el criterio de lo que ambos consideramos importante.

–Me ha gustado la historia del collar. Eso me hace confiar en ti. Cuando creas que hay un asunto en el que no está claro si es mejor el sushi o el collar, entonces deberás consultármelo, ¿de acuerdo?

Llamaron a sus respectivos abogados para acabar de confirmar el acuerdo: lo importante era que ambos se sintieran totalmente convencidos de que Little Red Park era una oportunidad que no podían dejar escapar.

¿Prosperarán el Lobo y la Reina en su relación como socios? ¿O fingirán ser buenos para aprovecharse el uno del otro? ¿Conseguirán convencer a Cenicienta? ¿Y los enanos, publicarán el hallazgo extraterrestre en Internet?

MORALEJA 2

- No tiene sentido actuar si es para peor.
- Que una norma sea antigua no significa que sea importante.
- Una forma de asegurarse de que un contrato es justo es poniéndose en la piel del otro.
- Es importante implicar a los individuos en decisiones que sean de su interés.
- Uno no debe decidir por otro a menos que éste se encuentre invalidado por algún motivo (principio de Solidaridad: tomar la decisión por los demás asegurándose de que esa opción es la mejor o la menos mala para ellos).

3

HADA'S BANK, EL BANCO BLANCO

BANCA ÉTICA Y CRITERIOS DE GESTIÓN ÉTICA

La vida es una gran improvisación.

Anónimo

Hada's Bank tenía fama de ser un lugar muy acogedor, extraña sensación tratándose de un banco que, además, estaba pintado enteramente de blanco.

Todos los empleados y empleadas vestían con camisa blanca, sin corbata y sin chaqueta. Hada's Bank también era conocido por el nombre del «banco blanco». Tanto blanco podría dar imagen de cierta frialdad, o de anuncio de detergente, pero no, los detalles lograban hacer que aquel espacio resultara acogedor.

El motivo de tal resultado quedaba explicado en una nota aclaratoria que podía verse justo en la entrada:

Una planta inmensa iluminada por un tragaluz presidía la sala. Alrededor de ella se encontraban varias mesas redondas, cada una con una flor distinta en el centro: una margarita, una rosa, un clavel, un tulipán... En la mesa de la presidenta: un bonsái.

No era extraño encontrar allí jubilados que apreciaban el buen servicio, así como las faldas de las asesoras de inversión quienes, amablemente, respondían una y otra vez a las mismas dudas y a las mismas personas.

Algunas abuelitas despistadas habían entrado creyendo que se trataba de la cafetería ideal para su chocolate caliente. Cuando les decían que estaban en un banco, se miraban asombradas, retrocediendo sobre sus pasos, no sin antes pedir permiso para llevarse unos cuantos caramelos de los contenidos en una urna transparente que se hallaba justo a la entrada. A su edad, este tipo de errores es algo divertido, excepto cuando una descubre que allí es donde pasa el rato libre su marido, junto a una asesora de inversiones rubia y delgada, de ajustada blusa blanca...

El Lobo y la Reina llegaron puntuales a la cita. La secretaria de dirección les acompañó a una sala con una gran mesa alargada. Mesa, sillas y cortinas blancas. En el techo un tragaluz dejaba entrar la luz del día. Al fondo de la estancia, un televisor blanco sin volumen informaba sobre los valores del banco. Cada uno de los conceptos era definido e ilustrado con ejemplos en forma de titulares, como si de spots publicitarios se tratara...

FLEXIBILIDAD E INNOVACIÓN: innovar significa atreverse a proponer ideas, formas y enfoques que ayuden a desarrollar y mejorar la situación actual. Innovar es avanzar. Sólo con flexibilidad se consigue innovar. ¡Flexibilízate!

LIDERAZGO HUMANO: líder es aquel que sabe llevar a su equipo... Lidera como te gustaría ser liderado y verás cómo te siguen.

ORIENTACIÓN AL CLIENTE Y CALIDAD: sólo conociendo las necesidades de nuestros clientes internos y externos lograremos cubrir las expectativas y aumentar la satisfacción de todos.

INTEGRIDAD Y CONFIANZA: sé tú mismo, sé consecuente, aprende a mostrarte firme en tus convicciones. No te dejes ni seducir ni avasallar.

RESPETO Y HONESTIDAD: demuestra que sabes mirar a los ojos, que sabes hablar de igual a igual. Las personas son la clave del éxito.

ECOLOGÍA Y SOCIEDAD: pregúntate si cuidas tu entorno como si fuera tu casa, como si el río de al lado fuera el agua de tu ducha. Pensar en las implicaciones ecológicas y sociales es tan necesario como el aire que respiras. Debería ser tan natural como la vida misma.

El Lobo no comprendía muy bien esta moda de la ética empresarial, y menos la de los fondos de inversión éticos. Invertir en acciones de empresas cuya actividad y forma de hacer negocios es ética... Llevado al extremo, la propuesta de inversión «limpia» suponía una forma de hacer negocio con el concepto de ética. Tal como lo veía el Lobo, se pretendía que los clientes creyeran que su dinero se utilizaba de forma decente... Aunque se llegara a demostrar que una empresa lograra milagrosamente no despilfarrar ni un solo euro en acciones poco éticas... ¿Qué? ¿Quién se lo va a creer? Es más..., ¿qué importancia tenía ese tipo de inversión? ¿Acaso el principal motivo para invertir en fondos es hacer el bien? ¿Alguien opina que sólo así lograremos cambiar el mundo? Eso sí que le parecía una ingenuidad. Ya hay cuentas de ONG para tal efecto. Aunque dicen que algunas ONG son peores que las empresas. Los bancos ya no saben qué inventar para hacer más dinero. Son unos detectores de oportunidades natos: se han convertido en los amos de las hipotecas, de los seguros y, ahora, de la ética. Si los bancos invierten en algo es que detrás hay un potencial de dinero abismal y, si arriesgan un poco, siempre logran cubrirse las espaldas.

Deberíamos temer mucho más a los bancos que a los políticos, al fin y al cabo, son ellos los que manejan el dinero. Los bancos hacen préstamos a la industria de armamento, abren cuentas en paraísos fiscales, tienen dinero negro, invierten en Bolsa, invierten en nombre de miles de pequeños accionistas... Y, ahora, ofrecen fondos éticos.

El colmo de la ironía del actual sistema capitalista sería invertir en empresas que acreditasen no participar en la globalización de las aldeas. Así, no fabricarían sus productos por cuatro euros en las aldeas amarillas, ni abrirían cuentas en aldeas-paraíso fiscal. No cerrarían fábricas ni armonizarían marcas y *packagings*... Claro que igual, en el fondo, no salía muy rentable... ¿o sí?

Puso de nuevo su atención en el televisor:

Unas cuantas sillas a la derecha del Lobo, la Reina investigaba por su cuenta hojeando un librillo con el resumen de los valores del banco. Los mismos que aparecían antes en el televisor. Todos los valores le parecían deseables: todos muy «éticos». «Qué fácil definir lo que es correcto y deseable –pensó la Reina–. ¡Si fuera tan fácil hacerlo como decirlo!»

Le parecía más una lista de buenas intenciones, tipo carta de los Reyes Magos, que una muestra de la cultura fomentada por la compañía.

Queridos Melchor, Gaspar y Baltasar:

Este año he sido muy buena porque, como responsable de una empresa, me he comportado ecológicamente con el entorno, íntegramente con los clientes, tanto externos como internos, sin explotar a niños ni maltratar animales, no he tenido relaciones extraempresariales con la industria de armamento, e incluso he participado en obras sociales. Por eso pido que las ventas de mi empresa aumenten, que la imagen pública mejore y que mis empleados, proveedores y colaboradores en general estén orgullosos de trabajar conmigo. Yo, a cambio, además de seguir portándome tan bien, me comprometo a no jugar sucio con mi hermana competencia.

Un empresario ético

PD: Os dejaré comida para los camellos y tres chupitos de whisky cerca de la ventana (sobre todo, no os lo toméis como un soborno, en mi aldea es un detalle tradicional).

Harto de tele, y asqueado por aburrimiento, el Lobo optó por pensar en voz alta esperando que la Reina le prestara un poco de atención:

–Las personas invierten porque, en ese momento, les sobra el dinero y saben que, de esa forma, consiguen darle un mayor rendimiento. Cobran por no tocarlo... y le dejan ese capital al banco que les dé más por él. Según Hada's Bank, deberían regirse por otra cosa. No por el que les da más dinero, sino por el que garantice más a todos: ganar dinero y colaborar en iniciativas éticas... y ¿a costa de qué? ¿Cuánto cuesta financiar las intenciones éticas de las empresas? Si tantas ganas altruistas de salvar el mundo tiene la gente, que se vaya de misiones, ¿no? Allí encontrarán a personas que creen que pueden cambiar el mundo.

–Mira, Lobo, tal como yo lo veo –le contestó la Reina–, puede que ni tú ni yo seamos las personas más indicadas para solicitar dinero a este banco, pero visto el éxito de los intentos anteriores, sólo nos queda esta alternativa. Así que relájate, olvídate del escepticismo y del cinismo que te caracterizan y déjate llevar... No puede ser tan difícil conseguirlo. Tan sólo deberemos aparentar que tenemos buenas intenciones, y cumplir con sus requisitos mínimos, por ridículos que nos parezcan. Procura fingir un comportamiento ético y no le des más vueltas, que te vas a marear.

–Vaya, Reina, gracias por animarme. Me sorprende descubrir esta faceta tuya...

–Somos socios, ¿verdad? –respondió sonriente la Reina.

En ese momento apareció Cenicienta. Llevaba una ajustada blusa blanca con unos elegantes pantalones blancos a rayas muy finas de color azul marino. Pelo rubio recogido. Labios gruesos maquillados de un suave color rosa. Ojos azules. Metro setenta. Sonrisa abierta. Agradeció la puntualidad de los presentes e inició su discurso de bienvenida.

Tras llevarlos a su despacho, les presentó las diferentes opciones de colaboración a las que podían acceder. Ambos coincidieron en solicitar más información sobre el préstamo especial para iniciativas éticas ya que, según Cenicienta, era el más apropiado para su situación. Para ello, bastaba con cumplir los requisitos y describir la misión del parque incluyendo el aspecto social de crear un lugar lúdico a la vez que educativo. La financiación equivalía a una especie de subvención que recibirían en dos plazos. El primero requería un análisis exhaustivo de la iniciativa, los resultados deberían garantizar la viabilidad ética, ecológica y económica de la propuesta. El segundo plazo llegaría una vez empezado el negocio, previa acreditación por una entidad independiente homologada por el banco. La auditoría se centraría en comprobar que las propuestas sobre viabilidad ética, ecológica y económica se traducían en resultados mesurables por parámetros bien definidos y preestablecidos.

El Lobo resopló aliviado, había temido que le hicieran un test de personalidad, y eso le provocaba pánico desde aquella época en la que se le repetía siempre la misma pesadilla: tras comerse a una pobre e inocente abuela en su propia casa, se disfrazaba de la anciana para comerse a la nieta que iba a visitarla. Pero, en el momento en que se disponía a zamparse a la nieta, algo le golpeaba la cabeza. En ese punto se despertaba con náuseas y empapado en sudor. El psiquiatra le diagnosticó un serio trastorno de la personalidad y le recomendó que dejara las drogas. Desde entonces, no ha vuelto a su consulta, aunque le hizo caso y decidió cerrar su etapa de desfase alucinógeno. Pero él prefería no volver a pasar por un test de personalidad, así seguro que no le encontraban nada raro.

Cenicienta seguía explicando los detalles de la segunda auditoría ética.

–¿Qué ocurre si no pasamos el segundo examen? –preguntó el Lobo una vez se centró de nuevo en la conversación.

–Sencillamente, que de momento no recibís la segunda parte de la subvención, teniendo que demostrar, al cabo de seis meses, que se han tomado todas las medidas necesarias para pasar una nueva auditoría.

Cenicienta prosiguió dulcemente sus explicaciones, y sonriendo cada vez que se le preguntaba más información o detalles.

–¿Y si al cabo de seis meses tampoco aprobamos? A

pesar de todos los esfuerzos realizados, podría ser que no estuviéramos a la altura, entonces imagino que se podría llegar a un acuerdo..., ¿no? –preguntó la Reina.

–En ese caso, el contrato establece que tendríais que devolver el capital recibido correspondiente a la entrega del primer plazo –respondió Cenicienta.

–¿Y quién comprobará si somos éticos o no? ¿Y cómo? ¿En qué se basará el banco para valorarnos?

–Tenemos un experto en la materia a quien podréis consultar vuestras dudas. Se llama Pepe Grillo y estará encantado de guiar vuestros pasos hacia una gestión ética. Él os preparará para la evaluación del auditor homologado por el banco.

–¡Le conozco! –exclamó el Lobo–. Pepito y su mujer, Campanilla, son buenos clientes del restaurante.

–Me alegra saber eso, será más fácil si ya os conocéis... –respondió Cenicienta.

Les entregó un CD con el resumen de la presentación, en la que se describían minuciosamente las Siete Calabazas Sagradas. Para que su empresa fuera declarada apta para el préstamo ético, debían demostrar que entendían y respetaban completamente todas y cada una de las calabazas:

1 NO EXPLOTACIÓN INFANTIL

La empresa se asegurará de que las personas contratadas directa o indirectamente a través de terceros son mayores de edad. En caso de duda es mejor no arriesgarse.

2 NO AGRESIÓN AL EQUILIBRIO ECOLÓGICO

Cualquier actividad de la empresa deberá tener en cuenta las consecuencias y posibles impactos sobre el equilibrio ecológico del entorno.

3 RESPETO A LAS PERSONAS

La empresa se compromete a asegurar un entorno que fomente la diversidad y garantice el respeto de todas las personas.

4 NINGUNA VINCULACIÓN A EMPRESAS DE ARMAMENTO

Lejos de fomentar cualquier actitud violenta, la empresa debe demostrar que no participa de ninguna forma y no tiene ningún tipo de relación con el mercado de las armas.

5 MALTRATO DE ANIMALES

Bajo ningún concepto se podrá explotar a los animales o experimentar con ellos.

6 VINCULACIÓN CON ALCOHOL, TABACO O JUEGO

Ni el alcohol, ni el tabaco, ni el juego (cartas, máquinas tragaperras, apuestas del Estado...) pueden ser una fuente de ingresos superior al 15 % de la facturación de la empresa.

7 INSTRUMENTOS DE INTEGRACIÓN ÉTICA

La empresa deberá fomentar la cultura ética en la organización a través de diferentes instrumentos de integración como por ejemplo: códigos de conducta, formación, dirección por valores, balance social...

Cada uno, Lobo y Reina, pensaba y dudaba sobre lo suyo, pero ambos asentían a cada afirmación de Cenicienta. Finalmente, quedaron en volver a encontrarse al cabo de un mes. Entonces, el Lobo y la Reina presentarían a Cenicienta el informe de cómo iban a cubrir los requisitos mínimos y el seguimiento que harían sobre los ratios analizados.

Cenicienta les sonrió:

–¡¡Espero que éste sea el principio de una gran amistad!!

«¡Qué agradables!», pensó Cenicienta.

«¡Dios mío, qué tópica!», pensó la Reina.

«¡Dios mío, pero qué cursi!», pensó el Lobo.

Al salir del banco, decidieron tomarse un café para digerir toda la información que acababan de recibir. El Lobo no podía reprimir su cínico escepticismo ético-empresarial:

–¿Y no sería más fácil decirles que nuestras intenciones son buenas? Porque, además, qué quieres que te diga, el hecho de garantizar la no explotación de mano de obra infantil, por ejemplo, no implica que seamos éticos. Es más, opino que las pocas empresas de las que tengo conocimiento que apuestan por este tipo de iniciativas éticas lo hacen para lavar su imagen... Como lo oyes. Seguro que las que tienen políticas en ese sentido son, en el fondo, las más contaminantes e inmorales... Es como la hipocresía llevada a la empresa. Nos ponemos el traje de ética o de ecológicos según con quien vayamos a cenar. ¡Vamos, que no hemos nacido ayer! ¿Quién se cree eso de ser bueno? ¿Acaso ha aparecido un nuevo movimiento social que mezcla a los hippies con los yuppies, pero dado que ahora sí tienen pasta, deciden fomentar el amor y no la guerra mediante fondos éticos? ¿Qué bobada es ésa? ¡Que cada uno se preocupe por su propia felicidad! Todo iría mucho mejor. ¿Qué mejor para todos que la felicidad de cada uno?

La Reina le escuchaba con atención, puede que tuviera razón. Sin embargo, había algo en la propuesta de la fantasiosa Cenicienta que le atraía. Por primera vez, se veía condicionada e incluso animada a hacer las cosas correctamente para conseguir sus objetivos. Pensaba: «¡Esto sí que es una novedad, una revolución! ¿Quién mejor que una Reina para predicar con el ejemplo?». Así lavaría su imagen, tal como opinaba el Lobo.

–¿Y qué más da el motivo por el que lo hagas? –preguntó la Reina–. Lo importante es que te comportes y actúes teniendo en cuenta un código de valores, activando programas especiales de formación en ética, etcétera. Bueno, si le hubiéramos pedido el dinero a la Iglesia..., estaríamos rezando, ¿no? Si, en resumidas cuentas, ésa es la historia de la humanidad, bailar al son de quien nos da de comer. Cuando la única elección se basa en la supervivencia, no hay dudas que valgan. Mira, Lobo, si quieres que tu proyecto salga adelante deberás rezar o vestirte de ético o de lo que te dé para comer, es una cuestión de supervivencia. Ser o no ser el responsable y director de Little Red Park... está en tu mano, depende de ti.

La Reina continuaba su práctico discurso entre sorbo y sorbo de café:

–Las condiciones para lograr una gestión ética, en realidad, son bastante cómodas, puesto que exigen unos mínimos de sentido común muy útiles, y plantean una forma distinta de tomar decisiones con una coherencia admirable. Así, si nos comprometemos a no atentar contra la vida con armas, polución, o contra la dignidad de las personas, nos implicamos en poner nuestro granito de arena para hacer un mundo, si no mejor, al menos sí menos malo.

El Lobo respiraba con cada vez más dificultad, se sentía muy agobiado y, sobre todo, confuso. Pensaba que quizá no era la persona adecuada para presentarse ante los demás como ejemplo de gestor ético.

La Reina, en cambio, sonreía entusiasmada. Nunca pensó que algo que le pudiera contar Cenicienta le interesara tanto. Ya se veía dando conferencias en universidades o círculos intelectuales sobre la gestión ética del parque temático más ético del mundo. Sería una gran publicidad para su imagen.

De repente, recordó un programa de televisión donde tocaban el tema de la ética, pero en especial de la cultura en las empresas... Esto es lo que retransmitía un programa informativo de Aldea TV:

–Buenas tardes, hoy en nuestro programa hablaremos de la ética en la empresa... (aplausos) Gracias, gracias... Todos sabemos que el poder económico de las empresas es, en muchos casos, mayor que el de algunas aldeas... Vivimos en un mundo donde una empresa podría comprar un Estado entero. Estas mega-empresas multinacionales tienen incluso su propia cultura y forma de trabajar, establecen códigos de conducta... Es como si fueran una pequeña nación, como si de un pueblo se tratara; los signos de identidad son similares a los de cualquier nacionalismo. Veamos a los protagonistas de estas corporaciones:

(Entra vídeo con primeros planos.)

–¡Me siento como uno más de la familia! –decía un obrero sudoroso en una cadena de montaje.

–Yo soy de Microsunny System, y me siento muy orgulloso de trabajar en esta empresa...

(Vuelve a verse al presentador en pantalla.)

–¡Increíble, es como si hubieran nacido allí! ¿Qué ocurre cuando un día llega el hijo a casa y presenta a su novia, nada más ni nada menos que una trabajadora de la competencia? ¿Puede crear esta identificación con la empresa una situación conflictiva? –El presentador continuaba su discurso–: A veces se cruzan dos culturas opuestas y compiten en su forma de vivir el trabajo: «En mi empresa nos dejan ir con tejanos y zapatillas de deporte. Llevar corbata está mal visto, porque así es como viste la competencia».

Acto seguido, el presentador cede la palabra precisamente a un trabajador de la competencia que, casualmente (aunque nada es casual en la tele), estaba entre el público.

–Lo que pasa es que vais de modernos porque necesitáis llamar la atención, nosotros no necesitamos ir de estrambóticos, somos así de formales y profesionales.

Éste es el tipo de diálogo que mantenían los individuos de dos conocidas empresas de informática.

La Reina ya se imaginaba viendo uno de estos programas de televisión con trabajadores del balneario, encantados de mostrarle al público lo contentos y orgullosos que se sentían de trabajar para la Reina. Evidentemente, ya se encargaría ella de escoger bien a los que debían hablar, y de darles un incentivo monetario especial para motivarlos más todavía... Para la Reina, la ética era una ideología bonita, una fantasía divertida, un juego entretenido, pero, en su interior, seguía creyendo que en el fondo todos tenemos un precio.

Por el camino pactaron un horario de trabajo. De once a dos y de cuatro a seis. Así a la Reina le daba tiempo a depilarse con cera ultra-retardante (efecto seda, por supuesto), hacerse un *peeling* facial con el gel de última generación, masaje de relajación en cervicales y cabeza, y baño caliente de Agua Divina antes de las once de la mañana. Por la tarde, al Lobo le daría tiempo de echarse una siesta después de comer. Ambos coincidieron en la importancia de adaptar el trabajo a su ritmo de vida y no al revés. El proyecto conjunto había empezado. Su cultura corporativa también acababa de nacer.

Para preparar correctamente la reunión con el consultor, la Reina fue en busca de documentación. Hacía años que no pisaba una librería; se dirigió a la dependienta y se interesó por los libros de ética empresarial:

–Al fondo verá que hay algo junto con los libros de filosofía –respondió la dependienta.

¡¡Vaya, los filósofos estaban relacionados con la empresa!!

El Lobo llegó algo confundido a su casa. Repasó todos los papeles y folletos que le había entregado Cenicienta. No sabía muy bien por dónde empezar. Sentía que no sería fácil demostrarle al auditor ético que su gestión era ética. De todas las calabazas, no lograba comprender la última. ¿Cómo llevar a cabo estrategias de ética? ¿Quién se supone que debería ser el responsable de eso? ¿Y en qué consistía? Con una buena selección de personal, se encargaría de que todos los nuevos empleados fueran «buena gente»... Así se evitaría tener que instruirles en eso de la ética. ¿Para qué formarlos en moral si ya la tenían? ¿Y quién les formaría? Además, cada uno tiene sus propios valores. ¿Cómo iba a imponer unos valores a su organización? ¿Acaso no es eso igual de poco ético?

Sucumbió a un momentáneo sueño: de repente se encontraba entrevistando a candidatos para el puesto de contable, buscaba a personas *buenas*:

–Hola, buenas tardes, candidato al puesto de contable.

–Buenas tardes, señor Lobo.

–¿Cómo se llama?

–Aldo Jilter.

–¿Italiano?

–No, alemán.

–¿Experiencia en contabilidad?

–Sí, en una multinacional.

–Entonces estará acostumbrado a trabajar en un entorno éticamente sostenible. ¿Le dicen algo estos valores: integridad, honestidad, responsabilidad medioambiental...?

–Sí claro, a mí me encanta comportarme correctamente según los valores, la misión y la visión de la empresa.

–Comprobaré si tiene o no antecedentes penales y le llamaré en el caso de que sea el elegido.

Claro que quizá no sea tan fácil identificar a los «malos» como parece...

–Hola, buenas tardes, candidato al puesto de contable.

–Muy buenas tardes, señor Lobo.

–¿Cómo se llama?

–Me llamo Pichonet, Angus Pichonet. Mi experiencia en contabilidad es conocida en el mundo entero: sabría ocultar o hacer desaparecer lo que quisieras.

–Lo siento, nuestra política de selección de personal no puede aceptar a dictadores, por muy buenos que sean en contabilidad. Usted no respeta a las personas, las utiliza como simple medio para fomentar el odio y el enfrentamiento de culturas... No creo que esté capacitado para trabajar en esta empresa.

–Lo imaginaba, pero no se preocupe. Aunque apenas nos conocemos, me ha caído bien: respetaré su negocio y no le torturaré por no contratarme.

–Me alegro de que sea usted tan claro –concluyó el Lobo.

Se despertó de golpe, intentando recordar de qué le sonaban las caras de los candidatos al puesto de contable. Puede que no fuera tan sencillo esto de saber seleccionar a personas buenas, quizá debería contratar a un responsable de Recursos Humanos... Pero ¿cómo saber si éste tiene el código de valores adecuado?

Le parecía absurdo tener que pensar en esas cosas. La gente es buena en general, lo raro es encontrar listillos (para listillo ya estaba él). No es necesario *emparanoiarse* demasiado con esas cosas puesto que tampoco se puede crear un mundo feliz. Sólo en los cuentos unos son malos y otros buenos. En la realidad, todos somos un poco malos y un poco buenos... Y por mucha formación que reciba uno, seguirá siendo humano, y los humanos nacen para tropezarse dos veces con la misma piedra... Estamos condenados al ensayo y error, una y otra vez, y la alternativa para evitar eso es todavía peor, a saber: no moverse. Y esa actitud inmovilista no lleva a ninguna parte, ni física, ni real, ni figuradamente.

El Lobo seguía sin comprender qué ventajas aportaba aquella moda de lavarse la cara. Puro maquillaje, nada más que puro y duro maquillaje.

¿Conseguirán el Lobo y la Reina convencer al auditor de que el parque está gestionado de forma ética? ¿Sabrán cómo afrontar todas las calabazas y establecer unos ratios para medirlo? ¿Contratarán a un buen contable? ¿Y Cenicienta? ¿Cambiará su bonsái por una planta de papel reciclable?

MORALEJA 3

- Muchos libros de ética empresarial son más filosóficos que empresariales.
- El Lobo y la Reina son los máximos responsables de la cultura del futuro parque. Fomentan con el ejemplo una forma de hacer el trabajo.
- Muchas veces la ética se usa como mero maquillaje.
- Las inversiones éticas tienen como objetivo el uso correcto del dinero.

4

LA CONCIENCIA DE PEPITO

MITOS Y CONFUSIONES EN TORNO A LA ÉTICA EMPRESARIAL

La ética es un saber para actuar de un modo racional.

A. Cortina, *Ética de la empresa*

Pepito Grillo era un personaje desmesuradamente pequeño respecto a su inagotable energía. Se licenció en Filosofía y poco después se convirtió en la envidia de muchos en la aldea, cuando desposó a Campanilla. Según Pepito, el secreto para enamorarla fue cuestión de estar a la altura. De profesor de Ética pasó a convertirse en colaborador de algunos proyectos de integración de instrumentos éticos en empresas. Finalmente, fue contratado por Hada's Bank como consultor ético. Llevaba cuatro años en el banco cuando Cenicienta le presentó un nuevo proyecto: el parque temático de Little Red Park. Pepito conocía al Lobo, puesto que era un asiduo de su restaurante, El Hostal de la Abuela. Precisamente quedó allí con el Lobo y la Reina para el primer encuentro.

TRES TREINTA DE LA TARDE. JUEVES. CASA DE PEPITO Y CAMPANILLA.

–Cariño, ¿vas a querer algo de postre o café?

–Nada, gracias, Campanilla. Llego tarde a mi reunión, ya tomaré el café con mis clientes.

–Mejor. Yo también me estoy retrasando para ir al aeródromo. Por cierto, ¿sabías que hoy enseñaré a pilotar a Pinocho?

–Ese muchacho sin conciencia... Sólo le falta meterse a piloto. Por favor, no voléis cerca del restaurante esta tarde.

–No seas exagerado. El chico está obsesionado con eso de volar. Seguro que es influencia de Peter Pan. Como ahora comparten piso...

–Hace tiempo que no hablo con Pinocho, aunque tampoco solía hacerme mucho caso cuando le daba clases particulares. Hace ya tanto tiempo. ¡No olvides darle recuerdos de mi parte!

–¡Lo haré!

CUATRO CERO CINCO DE LA TARDE. EL HOSTAL DE LA ABUELA.

–Hola, don Pepito.

–Hola, don Lobo.

–¿Pasó usted por el palacio de la Reina?

–¡Por su casa no pasé!

–¿Vio usted a mi abuela?

–A su abuela no la vi. ¿Por qué?

–Déjelo, don Pepito..., tampoco sé por qué se lo he preguntado.

En ese instante apareció la Reina. Parecía ir con prisas.

–¿Llego tarde?

– Justo a tiempo para la primera duda: ¿té o café? –preguntó el Lobo.

–Yo, con un poquito de agua fresca soy feliz –respondió Pepito.

–Té con limón con una sacarina y media en taza grande, gracias –dijo la Reina mientras se quitaba las gafas de sol–. Y, por favor, que no queme demasiado, odio que la taza esté ardiendo.

Esa tarde, el restaurante estaba tranquilo, así que decidieron quedarse en el rincón de la barra para empezar su primera sesión de formación e información sobre ética empresarial. Pepito les invitó a hacer cualquier tipo de preguntas, para aclararles posibles confusiones o confirmar sus creencias sobre la ética. De este modo, una vez aclarados los conceptos más básicos, podrían empezar a repasar las Siete Calabazas Sagradas, por si surgía alguna duda en cuanto a su cumplimiento. El objetivo de la reunión consistía en establecer un plan de trabajo para preparar la candidatura del Lobo y la Reina al crédito ético. Para Pepito, se trataba de un primer contacto con el proyecto y con los clientes, con el fin de valorar las necesidades en formación y consultoría de los mismos. Inició la sesión con preguntas aparentemente sencillas.

–¿Las personas son morales? –preguntó Pepito.

–Algunos más que otros. Yo creo que hay de todo –contestó el Lobo.

–¿Son éticas? –prosiguió Pepito.

–Ya te lo he dicho, algunas tienen más ética que otras –insistió el Lobo.

–¿Es lo mismo moral que ética? Si cada uno tiene sus propios valores, ¿podríamos hablar de distintas morales? ¿De distintas éticas? –preguntó Pepito.

–Bueno, yo creo que cada uno tiene sus principios y procura ser coherente con ellos. Si eso es ser moral o ético, no lo sé... Diría que es lo mismo, ¿no? –intervino la Reina removiendo compulsivamente el té.

–Para ser exactos –respondió Pepito–, a pesar de que ética y moral se utilicen como sinónimos es importante comprender que existe una diferencia. Me explico, y por favor, interrumpidme si me enrollo demasiado. Todos tenemos nuestros valores, y ellos forman nuestra moral. Moral viene del latín *mores:* costumbres, hábitos. Los valores que nos han inculcado, los valores vigentes en la sociedad, hacen que cada uno de nosotros, confirmando unos y descartando otros, construyamos nuestra propia moral. Tenemos una serie de costumbres adquiridas que seguimos sin pararnos a pensar demasiado, vivimos de acuerdo a una moral que nos guía en nuestras decisiones. Sin embargo, esa moral individual no tiene por qué ser completamente ética: incluso se podría decir que algunas morales son inmorales.

En ese momento, se hizo un largo silencio. Obviamente, el Lobo y la Reina tenían dificultades para seguirle. No era propio del Lobo interrumpir a la mínima, y decidió callar para ver cómo continuaba Pepito. Sin embargo, la Reina no lo pensó dos veces:

–Vaya, ¿y tú eres el que venía a ayudar? –le soltó entre sorbo y sorbo de té–. Tengo la extraña sensación de que saldré más confusa de lo que he entrado.

Pepito contestó pacientemente mientras se servía más agua.

–Veréis, es más sencillo de lo que parece. Reina, tú tienes tus valores. En tu escala de valores, pones arriba los más importantes y vas bajando hasta aquel al que das menos importancia. Puede que el Lobo tenga otros valores, o que su orden sea distinto al tuyo, pero ¿cómo saber cuál es el más moral?

–Yo, seguro que no –intervino el Lobo–. Acostumbro a ser el malo de la película.

–¡Puede que te sorprenda! –exclamó la Reina–. Yo también he sido mala alguna vez.

–Sin duda, la moral de cada uno le hará actuar de forma distinta ante una misma situación. ¿Cómo saber quién es más moral? ¿Cómo juzgar una moral?

–¿Cómo saber quién es más malo? –preguntó la Reina como desafiando al Lobo.

Pepito forzó una pausa en su discurso, que aprovechó para beberse el vaso de agua de un trago. Ni el Lobo ni la Reina abrían la boca, no tenían ni idea de qué significaba ser más moral, o cómo valorar si uno es peor que otro. La Reina seguía removiendo ruidosamente su té. Pepito prosiguió:

–Los dos sois igual de morales, puesto que la moral sólo implica el hecho de que tenéis unos valores. En cambio, la ética es más bien la reflexión sobre esa moral. La pregunta correcta sería si una moral es ética o no...

–¿Moral es entonces sólo el hecho de tener unos valores? –preguntó la Reina.

–Sí, correcto –afirmó Pepito–. Todos somos morales en ese sentido, por inmorales que parezcan nuestros valores. Incluso un ladrón tiene su propia moral.

–Yo no comprendo cómo un valor puede ser inmoral

si el hecho de tener unos valores es lo que nos hace morales –apuntó el Lobo totalmente confuso.

–Me he perdido, lo siento. Intento estar concentrada, de verdad –se excusó nerviosa la Reina–. Creo que empiezo a tener dolor de cabeza. ¿Tenéis un Gelocatil? ¿O una Aspirina?

–Lo preguntaré de otra forma. –El Lobo reformuló su pregunta–: Somos morales porque tenemos nuestros valores, que nos llevan a actuar automáticamente, por costumbre. Si eso es ser moral, si el tener valores es ser moral, ¿cómo vamos a ser entonces inmorales? Todos tenemos valores, ¿no? No entiendo cómo puedes hablar de valores inmorales. O morales inmorales. No tiene sentido...

–Está bien, os pondré un ejemplo: en algunas culturas diferentes a las de la aldea se considera justa la pena de muerte, el castigo llevado al extremo. Incluso hay algunas formas escalofriantes de condena, como la lapidación, por ejemplo. En esas aldeas, la moral de esos individuos acepta la tortura hasta la muerte como castigo impuesto públicamente y como ejemplo para conservar el orden. Lo utilizan porque consideran que motiva a los pecadores a respetar las leyes. No deja de ser un tipo de moral, pero éticamente es inconcebible. Podríamos decir que es inmoral, puesto que atenta contra el ser humano.

–Yo no estoy de acuerdo con la pena de muerte –intervino la Reina–, y eso que la orden preferida de mi madre era: «¡Que les corten la cabeza!».

–Esa expresión me suena, no sabía que fuera de tu madre... –añadió el Lobo–, aunque no me sorprende.

–Bueno, Pepito, acaba ya de explicarnos esto de la ética, que todavía nos quedan las Siete Calabazas –reaccionó la Reina.

–Ética es la filosofía que reflexiona sobre los valores –continuó Pepito–, y como la filosofía es la ciencia de los porqués, la ética plantea todo tipo de preguntas sobre el porqué de las morales: se cuestiona si una moral es o no ética en el sentido más amplio de la palabra.

–Entonces, no es lo mismo moral que ética –concluyó la Reina.

–¡Correcto! –confirmó Pepito–. *Ethos* es el carácter: se centra más en la forma de ser, de reflexionar sobre cómo deberíamos comportarnos teniendo en cuenta que somos animales de costumbres, *mores*... morales. Aprendemos sobre la marcha y descubrimos quiénes somos en cada acción y decisión que tomamos. Así formamos el carácter, nos creamos a nosotros mismos y consecuentemente acabamos generando unos hábitos. Somos causa y consecuencia de nuestros hábitos.

–¿La ética nos permite entonces juzgar una moral? –preguntó la Reina.

–¿Nos permite decir que un valor es inmoral? –añadió el Lobo.

–No se trata de emitir un juicio de valor sino, sobre todo, de hacerse muchas preguntas. La ética, o la reflexión sobre la moral, nos permite distinguir lo deseable de lo indeseable partiendo de unos principios muy básicos, en los que todos estamos de acuerdo y, por eso, se denominan principios universales. En todo el mundo, en todas las aldeas, cualquier humano debería estar de acuerdo en el respeto a estos principios.

–¿Todo el mundo debería estar de acuerdo en respetar un mismo principio? –preguntó el Lobo.

–Correcto, el universo entero –confirmó Pepito–. Se trataría entonces de un principio universal.

–¿Aunque cada uno tenga su propia moral? –insistió el Lobo–. ¿Aunque algunos consideren la pena de muerte necesaria?

–Claro, ésa es la gracia. Hay algunos puntos en común en todas las morales. Eso es lo que llamamos principio. Es aquella parte que, de entrada, nadie se cuestiona, puesto que «hasta allí» todos estamos de acuerdo.

–Entonces, ¿la ética parte de unos principios que todos compartimos? –preguntó el Lobo.

–Sí, la ética se autofundamenta: no hay un porqué previo, porque éste incluiría parte de la respuesta. Por ejemplo, la libertad en sí misma se autofundamenta: «El que opta entre ser o no ser libre ya está usando la libertad», puesto que para elegir hay que ser libre; «El mentiroso precisa de la credibilidad en la palabra para mentir». Sin verdad no hay mentira, sin credibilidad no hay mentiroso. Siempre encontraréis que existen dos caras de una misma moneda.

–Preferiría que no profundizáramos en aspectos filosóficos –interrumpió el Lobo–. Odio tener que filosofar después de comer, sobre todo si no es estrictamente necesario. Verás, prefiero hablar de lo que nos será útil para iniciar nuestro proyecto: las Siete Calabazas. Lo comprendes, ¿verdad?

–Por supuesto, no dejéis de interrumpirme si me vuelve a ocurrir –contestó Pepito resignado–. Sin embargo, creo que es muy útil que hablemos un poco más de los principios...

–¿Y cuántos principios hay? –interrumpió la Reina mirando el reloj–. Creo que voy a necesitar otro té...

–Pocos –contestó Pepito–. No es que exista un número cerrado, pero los más importantes se pueden contar con los dedos de una mano. En el caso de la ética empresarial, los principios económico-empresariales son los más conocidos, puesto que resumen los compromisos implícitos en cualquier empresa. Me refiero a la rentabilidad, la eficiencia, la competitividad, la calidad...

–Dinos un principio ético universal –pidió el Lobo–. Creo que los de la empresa no necesitan mayor explicación.

Mientras la Reina buscaba desesperadamente un analgésico en su bolso, Pepito cerró los ojos unos instantes para concentrarse en un buen ejemplo:

–Vale, el principio de Justicia –dijo de repente–. Todos partimos de la base de que deseamos vivir en un mundo justo, sin trampas..., ya que sólo así lograríamos tener todos las mismas oportunidades. No desearíamos perjudicar a nadie porque sí, ya que no nos gustaría que nadie nos perjudicara a nosotros, ¿correcto? ¿Creéis que, en general, todo el mundo estaría de acuerdo con este principio?

–Muchos sí –respondió el Lobo–, excepto los que son malos de nacimiento y van con malas intenciones. Es decir, que no. No todo el mundo estaría de acuerdo. Siempre hay algún capitán Garfio dispuesto a desafiar a los que van de buenos.

–Y no sólo están los malos –continuó la Reina–, también existen los listillos dispuestos a salirse con la suya. Siempre hay alguien que intenta colarse en el cine en vez de esperar su turno o que se salta las normas de circulación. Me parece algo idealista esto de esperar que todos queramos vivir en un mundo justo. ¡El mundo es injusto desde el inicio de los tiempos! Por eso existen las multas, las cárceles... Yo misma soy injusta, puesto que pongo en peligro mi vida y la de los demás cada vez que hablo por el móvil conduciendo, pero es que no lo puedo evitar, es superior a mis fuerzas. Y eso que estoy mejorando, últimamente digo a quien me llama que estoy conduciendo, y pregunto si me puede llamar más tarde. Hablo por teléfono mientras conduzco, pero reconozco que no soporto a los que lo hacen. Se nota en seguida si el del coche de delante está al teléfono.

–Comprendo –respondió Pepito–. Sin embargo, no pretendo decir que el mundo sea justo, sino que a nadie le gusta que sea injusto, nadie disfruta sufriendo una injusticia, y se supone que nadie disfruta por el hecho de ser injusto.

–Bueno, es que si encima fuera un placer, algunas personas serían un peligro público –añadió la Reina–. Claro que siempre he pensado que algunos de mis clientes del balneario rozan ese tipo de sadismo.

–Pero el sadismo es una excepción –aclaró Pepito–. Tú misma no te sientes muy orgullosa de hablar por teléfono mientras conduces, si es que a eso se le puede llamar injusticia.

–A mí me parece más bien una peligrosa imprudencia –opinó el Lobo.

–Resumiendo –concluyó Pepito–: en principio, todos

apreciamos la justicia desde el momento en que a nadie le gusta ser tratado injustamente.

–Ya, pero lo que para unos es justo no lo es para otros –intervino la Reina–. ¿Qué es la justicia? ¿Para quién?

–En eso te doy la razón, Reina –añadió el Lobo–. A un ladrón poco le importará lo que es justo y lo que no.

–Puede que el mismo ladrón –opinó Pepito– si fuera a él a quien robaran, considerara que es justo, aunque le duela. Que se lo merecía puesto que él lo hacía constantemente: en la moral del ladrón, el robo es una forma de vivir o de sobrevivir, según sea su circunstancia.

–En caso de tratarse de supervivencia, ¿sería culpable? –preguntó el Lobo.

–Depende de lo que entiendas tú por supervivencia –añadió la Reina–. Yo misma me doy cuenta de que no podría vivir sin mis masajes de espalda. ¿Es eso supervivencia?

–En caso de vida o muerte –continuó Pepito–, es muy osado hablar de ética, puesto que no hay espacio para otra opción: o comes o te mueres. Poca ética cabe en un espacio sin libertad. Es imprescindible escoger libremente entre al menos dos opciones para sentirse responsable de una decisión. Porque así, la elección se hace racionalmente, considerando pros y contras, teniendo en cuenta las consecuencias.

–¿Supone entonces la ética que todos somos libres y responsables de nuestras acciones? –preguntó la Reina.

–¿Y que sabemos pararnos a reflexionar antes de actuar? –apuntó el Lobo irónicamente–. He actuado tantas veces sin pensar...

–Sí, la ética nos supone libres, responsables e incluso prudentes. Otro principio universal es el principio de Autonomía, que establece que el hombre valora a todos los individuos como fines en sí mismos, y no como meros medios o instrumentos para que alguien consiga algo. Debemos respetar a los demás tratándolos de igual a igual.

–Ya, entonces, ¿qué pasa con el ladrón?, ¿es libre o no? –preguntó el Lobo totalmente desesperado con las salidas filosóficas de Pepito–. Porque si no se siente libre, tampoco se sentirá responsable, ¿no? Para mí, robar a alguien, más que una falta de respeto, ¡es una agresión a la propiedad privada! Y tratar de igual a igual a semejante desgraciado..., pues qué quieres que te diga.

–El ladrón que roba en una sociedad que le ofrece oportunidades para ganarse el pan de otra forma –respondió Pepito–, sabe que su opción es discutible. Ha decidido robar en vez de trabajar. Ésa es su elección desde la libertad. Claro que en algunas aldeas no es fácil encontrar trabajo, pero se supone que existen otras vías alternativas al robo.

–Ya, pero si le robas a un ladrón, no debería importarle mucho, puesto que él vive el robo con naturalidad –apuntó el Lobo–. Es menos malo robarle al que roba.

–Eso me recuerda a mi amigo Robin Hood –añadió la Reina–. Por cierto, hace mucho que no le veo. ¿Sabéis algo de él?

–Creo que se fue a trabajar a una ONG –repondió el Lobo.

–Yo no le conocía muy bien –respondió Pepito.

–Recuerdo un dicho: «Piensa el ladrón que todos son de su misma condición» –dijo el Lobo satisfecho de su cultura popular.

–Si le robaran un objeto que precisara para su tarea de ladrón –explicaba Pepito–, seguro que le daría mucha rabia, como a cualquier otro individuo. El ladrón no quiere ser robado y quiere poseer lo robado. Incluso sufre todavía más el miedo a ser robado. De ahí la expresión popular. La contradicción del ladrón es no respetar la propiedad del otro y pretender que los otros le respeten a él el fruto de su apropiación indebida.

–Creo que te sigo –replicó el Lobo–. A veces siento que estamos rodeados de ladrones muy profesionales.

–Lo estamos –aseguró la Reina como si conociera a unos cuantos.

–Volviendo entonces a la universalidad –continuó el Lobo–, ¿podríamos decir que la ética es como el factor mínimo común que nos enseñaron en la escuela? ¿Es la parte de la moral en la que todos estamos de acuerdo?

–Más o menos. Digamos que la ética es el punto de partida para analizar las acciones morales desde unos mismos criterios compartidos y deseados por toda la humanidad. Provoca las preguntas necesarias para garantizar una ética de mínimos, y aspira a conseguir una cultura empresarial orientada a una ética de máximos. Incita a reflexionar antes de actuar, aunque eso no garantiza que se tome una decisión correcta –concluyó Pepito.

–¿Ética de máximos? –preguntó el Lobo.

–Sería la de cualquier empresa que esté preocupada por mejorar los niveles de excelencia –contestó Pepito–, por elaborar procesos que añadan valor, por la gestión de la calidad y su filosofía llevada al extremo, por las iniciativas medioambientales y sociales que buscan mejorar la calidad de vida, muy por encima de las exigencias legales o de las expectativas de los *stakeholders*...

–¿Steik-jol-ders? –repitió la Reina–. ¿Y eso qué es?

–Cualquier persona que tenga un trocito del pastel –contestó Pepito–. En el caso de Little Red Park, sería cualquier implicado en el proyecto, cualquier persona con algún tipo de interés en el desarrollo del mismo, sea proveedor, cliente, inversor, consultor, consumidor...

El Lobo seguía sin comprender lo de la ética mínima

y máxima. Tampoco le importaba demasiado, prefería huir de los conceptos e ir a lo práctico:

–Pero si la ética es reflexión –dijo el Lobo–, ¿cómo pasas a la *acción* para que todo eso se haga realidad?

–Muy pronto hablaremos de ello –respondió Pepito–. La ética empresarial consistirá en llevar a cabo todas las acciones que fomenten una ética de máximos y persigan cubrir la ética de mínimos.

–La ética de máximos es un ideal, ¿no? –intervino la Reina.

Pepito sentía que mantenía dos conversaciones a la vez, una con el Lobo y otra con la Reina. Lejos de agobiarse ante tal situación, se limitaba a ir respondiendo como podía a cada uno.

–La ética de máximos sería el polo opuesto a la ética de mínimos –continuó Pepito–, el perseguir el extremo opuesto a la ley del mínimo esfuerzo en la aplicación de la ética en la empresa. Ir más allá de la moral convencional, adoptar una actitud totalmente moderna en el campo de los valores y fomentarla en toda la organización.

–Creo, Pepito –intervino la Reina–, que estas explicaciones están muy bien pero, sin ánimo de ofender, no veo su utilidad en la empresa. Y menos en nuestro proyecto. Comprendo tu devoción, pero, entiéndeme, tengo hora con la *esthéticienne* y no me gustaría llegar tarde por culpa de tus sueños de hacer un mundo mejor.

–Es que además, Pepito, todo esto es algo teórico, ¿no crees? –añadió el Lobo–, y la empresa es tan real como una jungla: se trata de sobrevivir, porque a la que te despistes, la ambición de los demás hará que te traicionen. ¿O no? Poco margen para la libertad hay en tal entorno competitivo. Poco margen para la ética. Por eso decidí montar mi propio negocio.

–Pero esa jungla la formamos y potenciamos nosotros –prosiguió Pepito–, es decir, todas y cada una de las personas que participan en la empresa. Lo que ocurre es que algunas empresas adquieren tal dimensión que al final nunca existe un único responsable de las actividades no éticas.

–Si en la empresa muchas veces lo que haces es obedecer al jefe –opinaba el Lobo–, ¿hasta qué punto eres responsable de nada? Te limitas a seguir las instrucciones.

–¡Que sea así no significa que deba ser así! –exclamó Pepito–. Uno escoge si quiere obedecer órdenes absurdas. Para cambiar las cosas, en vez de criticarlas, debemos asegurarnos de que no participamos en aquello que, precisamente, queremos modificar. Hemos de procurar no implicarnos en el fomento de actitudes que reprochamos, tomar conciencia de ello es el primer paso.

–Ya, pero, si te pisan, ¿qué? –preguntó el Lobo–. ¿De qué te sirven entonces los pasos?

–Hay muchas formas de salirse con la suya –continuó Pepito con su inagotable optimismo–, y la ética en la empresa sugiere fomentar un entorno libre, justo, que proteja la deseable existencia de unos valores necesarios para lograr que el clima en la empresa no sea el de una jungla salvaje. Y en beneficio de la propia empresa, empezando por sus trabajadores...

–Pepito, con todos mis respetos –objetó la Reina–, hay personas que no tienen ningún tipo de escrúpulo, y que, para conseguir lo que quieren, son capaces de olvidarse de los principios más básicos. Incluso personas que socialmente son muy respetadas. ¡Y no me hagáis decir nombres! He aprendido a respetar a los pecadores, especialmente si son clientes de mi balneario. Curiosamente, los más pecadores suelen estar en los lugares más estratégicos, lo sé de buena tinta porque ésos son mis mejores clientes. «Hay que tener amigos hasta en el infierno.»

–Si me permitís... –interrumpió Pepito–, otro principio universal supone que la gente no actúa con maleficencia, que la intención primera no es hacer daño a nadie, aunque las consecuencias de algunas decisiones resulten nefastas. En principio, y por principio, nadie tiene necesidad de actuar con mala fe. Es más, otro principio sería creer que en el fondo todos queremos actuar de buena fe y hacer lo que es bueno y correcto, porque, al hacerlo, facilitamos que los demás también lo hagan. Cualquier persona debería estar de acuerdo en querer trabajar en un entorno en el que nadie tiene malas intenciones y en el que todos pretenden hacer lo que es correcto, para que el trabajo salga adelante, para conseguir los objetivos, para trabajar más a gusto...

–No veo que eso garantice una correcta gestión –intervino el Lobo–. Las buenas intenciones pueden ser insuficientes para hacer un trabajo de calidad.

–Quizá no garantiza la consecución de unos objetivos –matizó Pepito–, pero seguro que el hecho de que cualquier persona de una organización comprenda el significado de estar «todos en el mismo barco» ayuda mucho a la gestión diaria. Incluso los competidores de un sector empresarial deberían reflexionar sobre esto: igual así evitarían entrar en guerras de precios, ya que todos podemos comer del mismo pastel.

–¡Pensaba que la competencia era buena para todos! –exclamó el Lobo.

–Creo, Pepito, que eres un gran optimista, y no te ofendas por favor –le dijo sonriendo la Reina–. He oído muchas barbaridades con tal de defender lo que algunos consideran bueno y que acaba siendo sólo lo conveniente, o lo políticamente correcto.

–¡Un idealista, eso es lo que eres! –añadió el Lobo–. Hay mucha gente desencantada de la vida incluso antes de empezar a vivirla. ¿Cómo vas a hablarles de libertad? Aunque en nuestra aldea todo va bien (aparentemente, ya que es discutible), en otras partes del mundo no existe ese marco de libertad del que parte la ética.

–Podéis opinar lo que queráis –se ofuscó Pepito–, pero tengo datos que demuestran que una visión ética en la empresa funciona. El banco blanco Hada's Bank funciona, los fondos de inversión éticos son rentables a medio plazo, las grandes empresas invierten cada vez más en programas de ética empresarial, las consultoras empiezan a ofrecer este servicio... ¡No lo digo yo, lo dice el mercado! ¡Lo reclaman los consumidores, a través de sus asociaciones, a través de sus boicots en Internet a multinacionales! Lo demuestran las manifestaciones pro-comercio justo; las denuncias a la globalización surgen como respuesta a la falta de ética empresarial en las acciones de las multinacionales...

–Vaaaaaaaaaale, ¡paaara, para! –interrumpió el Lobo–. ¡No te embales, hombre! Has venido a ayudarnos con lo del programa de ética empresarial, ¿recuerdas? No a lavarnos el cerebro. No tienes que convencernos, no tenemos más remedio que subirnos al carro ético, si no, no hay dinero. Enséñanos a pasar la auditoría, y no entres en más detalle que el estrictamente necesario, así acabaremos antes...

–Está bien. Perdonad mi entusiasmo –se disculpó Pepito–, pero es que adoro mi trabajo y, a veces, me emociono en exceso. Siempre he querido ayudar a los demás a seguir su sentido común. Una vez, Pinocho se enfadó conmigo por lo mismo, no me gustaría ser pesado con vosotros. ¿Estoy siendo pesado? Porque si lo estoy siendo sólo tenéis que decirlo y paro..., sé no ser pesado...

–Vale, Pepito, tranquilo –interrumpió el Lobo–. Respira hondo. ¿Qué tal un poco más de agua? No sé vosotros, pero yo necesito una pausa. ¿Qué os parece si paramos un rato?

–Muy buena idea, necesito un cigarrillo –respondió la Reina–. ¿No tendrás por ahí un Gelocatil o una Aspirina? ¿Tienes o no? Este dolor de cabeza no cesa... ¡Necesito ese analgésico como sea!

–Soy pesado, ¿verdad? –continuaba Pepito–. Ya me lo dice Campanilla, que cuando meto la directa no hay quien me pare... Me refiero a cuando hablo y hablo y no paro de hablar...

–Pepito, creo que ya sé por qué te gusta tanto tu trabajo –dijo la Reina mientras encendía el cigarrillo.

–¿Por qué? –preguntó él.

–Porque en el trabajo encuentras un público que te

debe escuchar. En el fondo, no tiene otra opción. Ja, ja... No hay mucha libertad en ese sentido, por utilizar tus palabras –le dijo la Reina riéndose.

Pepito se quedó pensativo, con la mirada fija en su vaso medio lleno, o medio vacío. Frunció el ceño arrugando la frente. Ése era el gesto que hacía cuando pensaba. De repente se daba cuenta de que la afirmación de la Reina además de contundente era cierta: le encantaba ser escuchado, y poder decir, explicar y justificar lo que consideraba bueno o malo.

El Lobo y la Reina salieron a tomar el aire a la terraza del restaurante, cuyas vistas a la montaña de la aldea formaban parte del éxito del Hostal de la Abuela. Empezaba a anochecer. El aire todavía era fresco a pesar de estar ya en primavera. La Reina cubrió su cuello envolviéndose toda ella en un inmenso *foulard* de seda. Desde allí se distinguía claramente el campanario de la iglesia católica de la aldea. Sin embargo, la sinagoga no se veía desde aquel ángulo. Sonaron unas campanadas. Eran las seis de la tarde.

–Lobo, algo no me cuadra con lo que he entendido del discurso de Pepito.

–Ya somos dos –respondió el Lobo.

–¿Qué pintará la religión en toda esta reflexión sobre la moral?

–Pregúntale a Pepito, yo no soy creyente –respondió él.

–Pensaba en los creyentes y sus valores impuestos por una religión. ¿Tú crees en Dios?

–Pues no estoy muy seguro. ¿A qué viene ahora esta pregunta?

–Imagínate que soy muy creyente, y que voy a misa los domingos...

–O a una sinagoga... –interrumpió el Lobo.

–Sí, exacto, no importa la religión. Eso es lo de menos. Cada religión tiene su código, sus diez mandamientos, sus sermones... La pregunta es: si mis valores son los impuestos por una religión y yo creo en esos valores..., la ética, como reflexión sobre la moral, ¿es también una reflexión sobre las religiones?

El Lobo se quedó impresionado. La ética estaba afectando a la Reina. Razonaba con una habilidad envidiable y desconocida por el Lobo hasta la fecha. ¿Sería cierto que la filosofía ayuda a estructurar la cabeza?

–Pues imagino que sí... –respondió el Lobo–. La ética reflexiona sobre las morales. La religión y la moral están muy ligadas...

Pepito había salido a su encuentro y se incorporó a la conversación:

–Cuando un creyente se rige por los valores de su religión, se considera que lo hace libremente, es decir, que decide creer en la Iglesia, en un Dios.

–En la historia se han cometido auténticas atrocidades en nombre de la religión –dijo la Reina.

–¡Y se siguen cometiendo! –añadió el Lobo.

–Las barbaridades a menudo van ligadas a ideologías y creencias extremistas, sean religiosas, políticas o idealistas en general –respondió Pepito–. La religión no justifica las acciones inmorales, tampoco las persigue. Yendo al ámbito militar, y volviendo al tema de la obediencia, incluso en una situación en la que uno está obligado a actuar cumpliendo órdenes, el que decide obedecerlas es igual o más responsable que el que las imparte –añadió.

Volvieron a su rincón de la barra. El Lobo y la Reina coincidían en las ganas de ir avanzando en acciones concretas para su proyecto.

–¿Podríamos entrar ya en las Siete Calabazas Sagradas? –preguntó el Lobo mientras servía más bebida.

–Sí, me parece que ya hemos repasado los conceptos básicos más importantes –respondió Pepito–. Ahora comprendéis qué es la ética, y deberíais ver que es una filosofía totalmente orientada a la acción. Veamos su aplicación en el mundo empresarial. ¿Cómo se concretan estos valores en cualquier empresa?

–En principio, ya existe una legislación que regula las actividades de las empresas, no comprendo por qué hay que tener en cuenta estas Calabazas. La explotación infantil, la contaminación, la discriminación. Ya hay una legislación para proteger los derechos humanos, el medio ambiente...

–Cierto, no te falta razón, Lobo; sin embargo, la ética llega donde no llegan las leyes.

–Las leyes deberían ser suficiente para funcionar éticamente –destacó el Lobo–. A ver si vamos a utilizar la ética para incrementar más todavía el número de normas...

–No es ése el objetivo de la ética empresarial. La legislación depende de los políticos, que nunca se ponen de acuerdo. Seguimos con algunas leyes demasiado antiguas para legislar las necesidades actuales. Por ejemplo: el uso del *e-mail* en las empresas, la venta de embriones...

–Eso es cierto –asintió la Reina–. En la época de mis ancestros las leyes eran mucho más rápidas de elaborar. ¡El absolutismo tiene sus ventajas!

–Y sus inconvenientes –añadió el Lobo.

–Todos los modelos económicos, o políticos –dijo Pepito–, tienen cosas buenas y malas, pero lo más importante en cuanto a la legislación es lo siguiente: lo que no está escrito está permitido, y ése es el riesgo, no se puede escribir todo. En cambio, la ética de la que estamos hablando, conocida como la ética de mínimos, parte de unos principios universales básicos. No pretende limitar como una ley, sino garantizar un entorno mínimo en busca de la ética de máximos.

–Además –añadió la Reina–, hay cosas legales que no son muy éticas que digamos. Y no sólo en la empresa. Me estoy acordando de nuevo de la pena de muerte. Debo reconocer que los reinados de antes no eran muy éticos...

–¿Repasamos rápidamente las Calabazas? –preguntó Pepito mientras extendía sobre la mesa las fotocopias de la presentación del Hada's Bank.

–¡Buena idea! –exclamó el Lobo–. ¿Por dónde empezamos? Miremos la Primera Calabaza: la explotación infantil es un ejemplo de que a veces sí hay legislación –dijo.

–Sin embargo, está bien tenerlo en cuenta, puesto que en algunas aldeas la explotación infantil existe, sea legal o ilegalmente, y el producto que fabrican es para la venta en las aldeas ricas. Así, cualquier importación de productos debería ir acompañada de un certificado que asegurara la no explotación infantil.

–La Segunda Calabaza, el equilibrio ecológico, ¿no está regulado por la ley? –preguntó la Reina–. Hay unas normativas muy severas al respecto, incluso se puede ir a la cárcel por atentar contra él. Si mal no recuerdo, perdí a uno de mis mejores clientes porque lo encerraron por contaminar un río.

–Sí, Reina, es cierto –asintió Pepito–, sin embargo, muchas empresas continúan vertiendo productos tóxicos a los ríos. Ésa es una forma muy espectacular de contaminar, pero hay muchas otras, más discretas y no por ello menos peligrosas, que no están claramente legisladas. Las empresas deben hacer el esfuerzo de preguntarse qué impacto puede provocar en el medio ambiente todo lo que generan, o usan.

–Pero eso a veces es caro –se quejó el Lobo–, y por eso uno espera hasta que es obligatorio.

–Una famosa compañía de franquicias de *fast-food* –continuó Pepito– cambió todos los envoltorios de las hamburguesas para que fueran reciclables. Los monstruos de la distribución optaron por bolsas de papel en vez de plástico. Los fabricantes de latas de refrescos suprimieron la apertura con anilla... Algunas acciones de este tipo se han hecho sin ningún tipo de presión legal, otras, en cambio, no tuvieron la vista de avanzarse a la imposición legal. Otro ejemplo: los aerosoles que perjudican la capa de ozono. La presión de los consumidores y/o de los ecologistas ha logrado grandes cambios.

–Creo que no habrá problemas en ninguno de estos dos puntos –intervino el Lobo–. En el caso del equilibrio ecológico, tenemos unos informes elaborados por siete espeleólogos que avalan el desarrollo sostenible de las actividades acuáticas del parque y del balneario.

–¿Tercera Calabaza? –preguntó entonces Pepito con ánimo de ir avanzando.

–Yo respeto mucho a las personas –respondió la Reina–, sobre todo a los clientes del balneario que pagan bien.

–Yo trato como me tratan –añadió por su parte el Lobo–. Si hay que ser borde con los bordes, lo soy, igual que soy amable con los amables. No tengo prejuicios con los que no los tienen conmigo. Trato a todos por igual, y si alguien tiene algún problema conmigo, que me lo diga.

–Hablamos de tratar a los individuos de igual a igual –explicó Pepito–, sin discriminar, sin faltarle el respeto a nadie, creo que con el tiempo iréis entendiendo mejor esta calabaza. Sigamos.

Pepito no se sentía capaz de hacer una exposición sobre el respeto o la falta de respeto en el entorno laboral. Y menos con dos aprendices como el Lobo y la Reina. Pasó a la siguiente calabaza.

–Muy bien, Cuarta Calabaza entonces, ¿qué me decís de vuestra relación con la industria de armamento? –preguntó Pepito.

–La única relación que tendremos con el armamento

–contestó el Lobo– será la compra de fusiles para el tiro al blanco. Espero que eso no sea un inconveniente.

–Yo os recomendaría no fomentar la violencia en ninguna de las atracciones. En cuanto a la Quinta Calabaza, alcohol, tabaco, juego..., ¿algún comentario?

–Nos limitaremos a cumplir la ley de no vender a menores –respondió el Lobo.

–¿Qué más tendríamos que hacer? –preguntó la Reina.

–Procurar no fomentar su abuso –contestó Pepito.

–En cuanto al maltrato de animales –intervino el Lobo avanzándose a Pepito–, ¿qué se espera de nosotros?

–Yo nunca maltrataría a ningún animalito –aseguró la Reina.

–Vamos a tener animales en algunas atracciones –explicó el Lobo–, pero pensamos cuidarlos lo mejor posible, habrá un equipo de personas responsables de su bienestar.

–Entonces pasemos a la siguiente y última calabaza –sugirió Pepito–, sin duda la más importante, puesto que nos permitirá medir el progreso de la integración ética en Little Red Park.

–Aquí debo confesar que ya me pierdo –reconoció el Lobo–. ¿Cómo vamos a fomentar la ética? ¿Qué es un instrumento ético? ¿Qué significa integrar? Odio la jerga filosófica.

El Lobo empezó a bombardear con las preguntas que se había preparado la noche anterior. Realmente, se mostraba muy confuso ante la impotencia de poner en práctica la Séptima Calabaza... Simplemente, no tenía ni idea de por dónde empezar.

–Depende de vosotros el establecer un entorno ético en la empresa –advirtió Pepito–. Para ello deberéis tener en cuenta una serie de programas, emprender unas acciones, establecer unos objetivos éticos, fomentar unas actitudes y, sobre todo, medir los resultados obtenidos, analizar su evolución, compararlos con los datos de empresas similares...

–Dependerá también de los trabajadores, ¿no? –preguntó la Reina–. El clima en el trabajo depende de todos...

–Sí, pero vosotros deberéis liderar el fomento de la cultura ética con unos programas especiales de formación, elaborando un código de valores, garantizando unos sistemas de comunicación, estableciendo un presupuesto, etcétera.

–Está claro que necesitaremos tu ayuda –reconoció el Lobo–, no tenemos ni idea de cómo empezar.

–Para eso estoy aquí –respondió Pepito–. Podríamos analizar vuestras necesidades para contratar mis servicios de consultoría. Dejadme que os proponga un plan de trabajo.

–Nos gustaría conocer más a fondo esos instrumentos –apuntó el Lobo–. ¿Hay que utilizarlos todos o se puede empezar por uno solo?

–No es necesario empezar con todos de golpe –respondió Pepito–. Se trata de buscar una propuesta que nos permita demostrarle al banco que estáis en el camino correcto.

La Reina, que se había levantado, cansada de estar sentada, se sirvió más té. Y, mientras, compartió sus reflexiones monárquicas:

–Yo no acabo de ver una cosa –se quejó–. En los reinos de antes, cuando el rey se preocupaba por todos los súbditos, garantizándoles protección y comida, éstos le hacían la pelota, todos jugaban a lo mismo. Si el rey era católico, todos lo eran. A los que no eran como él se les expulsaba. Cuando, en una empresa, el patrón fomenta los valores en los que cree, impone una forma de ser. Y en muchos casos esa moral tampoco es que sea la correcta.

–Bueno, a eso le llamo yo paternalismo –respondió Pepito–. No es del todo ético, ya que cada uno debe preocuparse de lo suyo, y sólo en caso de que haya implicaciones en el trabajo, un jefe puede meterse en la vida privada de sus empleados.

–A ver si vamos a tener que hacer de padres –intervino el Lobo.

–En absoluto –respondió Pepito–. Si a uno le gusta mucho beber, y eso no afecta al trabajo diario, el jefe no debería meterse en la intimidad de ese uno. El paternalismo se confunde a veces con el fomento de una cultura ética. Cada uno ya tiene o ha tenido a un padre. No se trata de mantener un paternalismo en nombre de la ética.

–Hansel, un buen amigo mío –interrumpió el Lobo–, es empresario, y siempre dice que si tratas a tus empleados como a niños, se acabarán comportando como tales.

–¡Y no le falta razón! –confirmó Pepito–. Los códigos de valores de una empresa no se deberían imponer, han de nacer de la voluntad compartida de trabajar en un entorno agradable.

–Veo difícil que los futuros trabajadores de Little Red Park deseen juntarse para redactar un código... –opinó la Reina.

–El objetivo no es moralizar sino asegurar un entorno ético –prosiguió Pepito–. Todos los trabajadores de esa empresa estarán de acuerdo con los valores, puesto que serán lo más universales posible.

–Pues ahora pienso que mi padre era un tremendo paternalista –confesó la Reina sirviéndose más té.

Quedaron en continuar la reunión al día siguiente a la misma hora, puesto que se había hecho tarde y el Lobo tenía trabajo en el restaurante. Pepito fue el primero en marcharse. La Reina, tras escuchar todos los mensajes del buzón de voz, recibió una llamada en el móvil. Era la *esthéticienne* disculpándose por una indisposición que le impedía ir al palacio... Enfurecida por tal imprevisto, le rogó al Lobo que brindaran juntos con unos chupitos de whisky.

–¡Por Little Red Park, el parque más ético del mundo! –exclamó la Reina.

–Sí, y por Pepito Grillo –añadió el Lobo–. Monotemático, pero un buen consultor.

–¡Menudo invento esto de la ética! –dijo ella.

–Si todos salimos ganando y nadie sale perjudicado..., ¿qué hay de malo en ello? –preguntó el Lobo.

–Veo que has comprendido muy bien el principio de Justicia –respondió la Reina–. Aprendes rápido, Lobo. Me gusta.

–Veo que estabas más atenta de lo que parecía –dijo el Lobo.

–Conseguiremos el crédito, estoy segura –dijo ella sonriente–. No sé yo si esto de la ética nos dará mucho trabajo...

–Claro que nos lo dará, pero concedámosle una oportunidad a Pepito. Prefiero tener un empleado capaz de considerar dos veces las consecuencias de sus acciones que otro que tan sólo se mueve para hacer feliz a su jefe.

–Lobo, me estoy asustando, empiezas a hablar como Pepito.

–Bueno, no será para tanto. Mientras no me convierta en un pesado.

–No sé, no sé, miedo me das. Aunque no te preocupes, que te lo comunicaría a tiempo: no podría soportar a dos Pepitos.

La Reina se despidió. Con el cambio de planes le daba tiempo de irse de compras, así que llamó a una amiga y buena clienta del balneario para darse juntas una vuelta por las tiendas de lujo de la aldea. Nada como unas buenas compras para despejar la mente.

¿Conseguirán el Lobo y la Reina comprender algún día la Séptima Calabaza? ¿Aprobará el examen de piloto Pinocho? ¿Logrará Pepito no sentirse pesado? ¿Y Cenicienta? ¿No se estará equivocando al darles una oportunidad a éstos hasta-ahora-ético-ignorantes?

MORALEJA 4

- Nuestros valores forman nuestra moral individual.
- La ética es la reflexión sobre la moral para legitimarla, o deslegitimarla.
- La ética pretende distinguir lo deseable de lo indeseable para todos.
- La ética parte de unos principios universales (todo el mundo de acuerdo).
- Ejemplo de principio universal: todos apreciamos la justicia desde el momento en que a nadie le gusta ser tratado injustamente (principio de Justicia).
- Poca ética cabe en un espacio sin libertad.
- La ética provoca preguntas para garantizar una ética de mínimos.
- La ética aspira a conseguir una cultura empresarial orientada a una ética de máximos.
- Cualquier importación de productos debería ir acompañada de un certificado que acreditara la no explotación infantil.
- La moral, la religión y la ley son conceptos distintos aunque no ajenos a la ética.

5

LAS AVENTURAS DE HANSEL

¿QUÉ SON Y CÓMO SE ESTÁN UTILIZANDO LOS INSTRUMENTOS DE INTEGRACIÓN DE ÉTICA EMPRESARIAL?

El mundo habla muchos lenguajes –pensó el muchacho.

PAULO COELHO, *El Alquimista*

Al día siguiente, Pepito se encontraba muy resfriado. Con un terrible dolor de cabeza telefoneó a Cenicienta para que enviara a alguien en su lugar a la reunión concertada con el Lobo y la Reina. Cenicienta le tranquilizó, la reunión podía aplazarse, seguro que los clientes lo comprenderían. Así que el Lobo recibió una llamada de la secretaria de Cenicienta en la que anunciaba el aplazamiento de la reunión. Éste, a su vez, quiso advertir a la Reina, pero ella no tenía el móvil operativo, y tampoco se encontraba en el palacio. Tras dejar los correspondientes mensajes en el contestador del móvil y del palacio, y temiendo no dar con ella para avisarle, pensó en un plan alternativo. Llamó a su amigo Hansel, directivo de una importante multinacional del sector confitería, Lacasitagolosa, conocida en la aldea no sólo por sus caramelos, líderes en el mercado, sino también por su especial atención a asuntos sociales. La cultura de su empresa estaba muy orientada a fomentar determinados valores, según le comentó una vez Hansel. El Lobo intuía que, seguramente, Lacasitagolosa, al ser multinacional, tendría sus propios programas de integración ética. Si consiguiera reunirse con Hansel, podría ir avanzando sin tener que esperar a la recuperación de Pepito. Llamó a Hansel y lo convenció para que fuera a comer al restaurante. Éste podía escaparse un poco antes del trabajo, puesto que era viernes y tenía horario intensivo, por lo que quedaba libre a partir de las tres de la tarde.

VIERNES. CUATRO HORAS CERO CERO DE LA TARDE. RESTAURANTE EL HOSTAL DE LA ABUELA.

Tal como el Lobo se imaginaba, la Reina apareció en el restaurante a la misma hora que el día anterior. Lucía un impresionante vestido rojo con zapatos, bolso y gafas a juego:

–¿Llego tarde?

–Justo a tiempo para la primera duda...

–¿Ah, sí? Té con limón con una sacarina y media...

–En una taza grande y que no queme mucho, ¿verdad? –interrumpió el Lobo.

–¡Fantástico! Está claro que eres un profesional de la hostelería.

–¿Lo dices porque me acuerdo de cómo te gusta el té? –preguntó él.

–Pues tiene razón la Reina –intervino Hansel mientras terminaba su postre–. Un buen profesional sabe cómo satisfacer las necesidades del consumidor.

–Para eso hay que conocer bien las necesidades de cada cliente –añadió el Lobo.

La Reina se quedó mirando fijamente a Hansel mientras se quitaba las gafas con exagerada y coqueta delicadeza:

–Soy la Reina, y propietaria del balneario Agua Divina. ¿Nos conocemos? –preguntó la Reina.

–Me temo que nunca hemos sido presentados –respondió Hansel–, a pesar de haber coincidido en más de una fiesta del príncipe de Guirimaldi.

–Es cierto, creo recordar a su acompañante, Gretel, si no me equivoco –añadió ella.

–Gretel es mi hermana –continuó Hansel–. Suele acompañarme a las fiestas.

–Hansel y Gretel son directivos y principales accionistas de Lacasitagolosa –intervino el Lobo.

–Gretel ha visitado alguna vez mi balneario, para tratamientos adelgazantes –explicó la Reina mientras se sentaba, cual diva, junto a Hansel.

–No me sorprende, vive obsesionada por las dietas –contestó Hansel.

–Yo también conozco a Gretel. Gracias a ella hemos incluido un nuevo plato en la carta: Combinado Vegetariano Ideal (0 % de grasa).

–¿Y Pepito? –preguntó la Reina.

–He tratado de avisarte dejándote mensajes por todas partes –respondió el Lobo.

–Me he quedado sin batería en el móvil –se quejó la Reina–. ¿Cuándo harán aparatos que aguanten mi ritmo de vida?

–Seguramente cuando las empresas lo consideren rentable –respondió Hansel.

–Pepito está enfermo –dijo el Lobo–, un fuerte resfriado, según Campanilla, aunque lo mismo es alergia, porque creo que yo estoy igual. ¡Esta primavera empiezo pronto!

–Entonces, ¿hoy no hablamos de trabajo? –preguntó la Reina mientras se retocaba los labios–. ¡Qué bien!

–No te vas a librar tan fácilmente –contestó el Lobo–. Gracias a Hansel, podremos aprovechar la tarde ya que, como directivo experimentado en el campo de la ética empresarial...

–¿Experimentado en ética? –interrumpió la Reina simulando un repentino interés en la materia.

–Sí, la ética ya ha llegado a su empresa –continuó el Lobo–. Le he invitado a comer para que nos cuente su experiencia. Necesitamos hacernos una idea de lo que podría costar el cumplimiento de la Séptima Calabaza Sagrada.

–¿Crees que nos va a ser muy difícil? –preguntó la Reina al Lobo.

–Me refiero al dinero a gastar, perdón, a invertir –se corrigió el Lobo–. Mañana me reúno con los financieros que hemos contratado y me gustaría hacer una reserva en el presupuesto para los temas relacionados con la ética. No hay tiempo que perder, todo tiene que estar a punto para la inauguración. Así que, Hansel, cuando quieras.

Hansel había trabajado siempre en la misma empresa y se le notaba, al hablar, lo orgulloso que se sentía de ello. Empezó a comentar en qué consistía la integración ética en Lacasitagolosa.

La multinacional había difundido un listado de valores que explicaban hacia dónde quería dirigirse la empresa. Esos valores aparecían en distintos soportes:

- en la Intranet;
- en la página web de Internet;
- en revistas internas de Lacasitagolosa;

- en pósters colgados en todas y cada una de las oficinas;
- en libritos para los empleados...

La comunicación de los valores iba siempre acompañada de una descripción de la misión de la empresa (su razón de ser) y de la *visión* (adónde aspira llegar la empresa).

MISIÓN
Satisfacer los caprichos más golosos de todos y cada uno de los individuos de todas las aldeas del mundo.

&

VISIÓN
Convertirse en la empresa número uno mundial en el sector de la confitería.

Cualquier empleado, independientemente de su jerarquía en la organización o del tipo de contrato, conocía la existencia de los valores (así lo demostraba una encuesta realizada a toda la compañía con el objetivo de medir varios aspectos cualitativos y, entre ellos, la gestión ética). No obstante, Hansel reconocía que estar al corriente de la existencia del código de valores no garantizaba tenerlos presentes ni, menos aún, obrar en consecuencia.

A pesar de su participación en el apoyo y fomento de la cultura ética en su empresa, no supo contestar a la pregunta sobre el procedimiento utilizado para definir y redactar esos valores, ni siquiera sabía quién había participado en su elaboración...

Confesó que no sabría argumentar la eficacia de este instrumento de gestión ética, aunque, personalmente, le parecía muy positivo, ya que permitía a los futuros empleados, accionistas o proveedores hacerse una idea del tipo de cultura que regía el *savoir faire* o el estilo de hacer negocios de la empresa.

Hansel se mostraba relajado, e iba compartiendo con ellos sus experiencias sin escatimar en ejemplos personales. Contó que, una vez, harto de la persecución por parte de un proveedor para que eligiera entre sus productos, apeló al manual de valores, que establecía que no debían aceptarse regalos de proveedores. El vendedor se quedó casi tan confuso y perplejo como la secretaria de Hansel. ¡Era la primera vez que alguien renunciaba a un jamón de bellota, sólo porque no era política de la compañía el aceptar regalos!

El Lobo tampoco lo acababa de comprender. Le preguntó qué había ganado él con ese gesto (lo que había perdido estaba claro). La respuesta de Hansel sorprendía por su simpleza:

–Logré que dejara de perseguirme. El proveedor comprendió que con esa táctica nunca conseguiría nada de mí y, por otro lado, me gané el respeto de mi secretaria. Teniendo en cuenta que llevaba toda la vida trabajando en Lacasitagolosa y que estaba a punto de jubilarse cuando me nombraron director, fue gratificante comprobar que apreciaba mis rarezas cuando, el día que se jubiló, vino a mi despacho para agradecer lo mucho que había aprendido y lo a gusto que había estado en los diez meses en que trabajamos juntos.

Otro punto que Hansel no dejó claro sobre los códigos trataba, precisamente, del aspecto normativo del código de Lacasitagolosa: era como una lista de normas. Sin embargo, el de Hada's Bank parecía más una serie de valores a los que se quiere aspirar... Uno limitaba las acciones, el otro las orientaba. Según Hansel, estos códigos venían a ser una especie de adaptación a cada empresa de lo que él ya conocía como códigos profesionales (como, por ejemplo, los de abogados, médicos o periodistas).

El Lobo iba tomando algunas notas en una pequeña libreta. Añadió lo siguiente en el apartado de tareas:

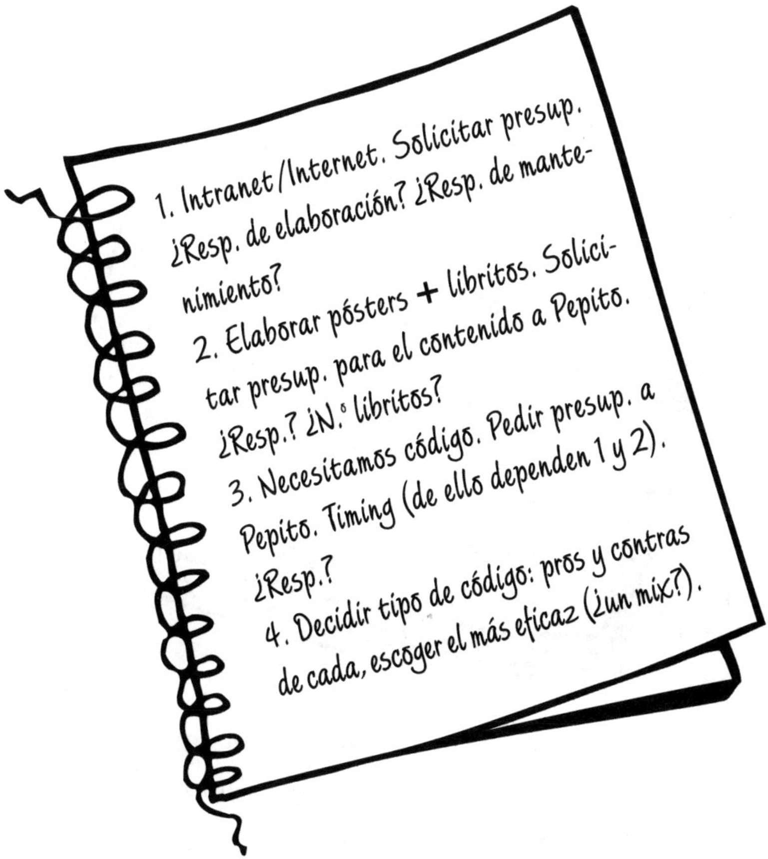

La Reina también sacó su agenda. Apuntó:

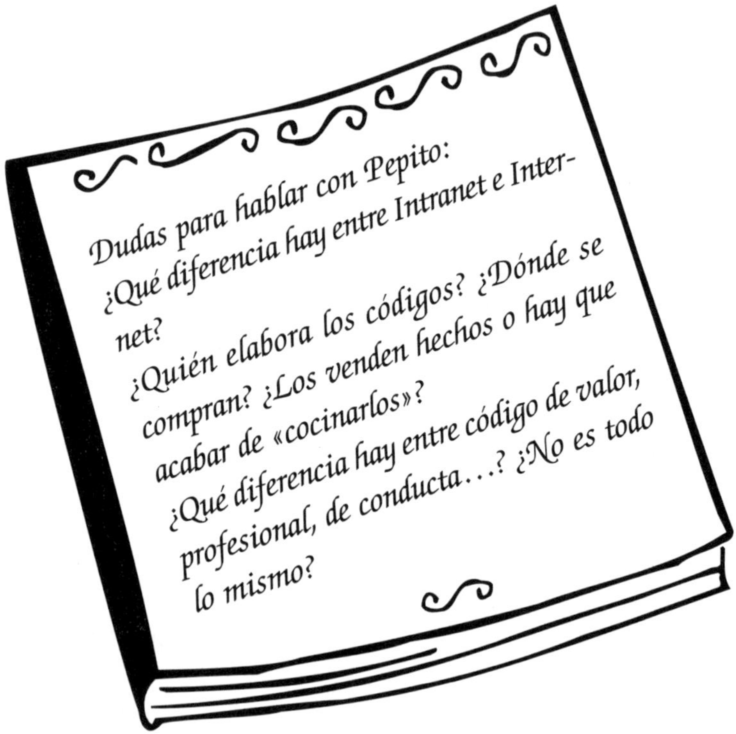

El Lobo le preguntó a Hansel si había alguien que se responsabilizara de todos los temas relacionados con la ética en la empresa. Hansel les explicó que, al principio, no existía ninguna descripción de puesto de trabajo que determinara las funciones y responsabilidades de un *Business Ethics Manager*. Sin embargo, tuvieron la suerte de contar con un veterano a quien los trabajadores consideraban un buen consultor ético, puesto que a todos inspiraba confianza. Dicha veteranía le convertía en el sabio de la empresa; conocía las manías de todos los *stakeholders* y las peculiaridades del sector. Ni Hansel ni Gretel tomaban ninguna decisión importante con implicaciones éticas sin su beneplácito. En un libro especializado en ética que llegó a Hansel por casualidad, descubrió que la función de ese hombre se conoce como Ombudsman. Entonces decidió nombrarle responsable de cualquier actividad relacionada con la gestión ética.

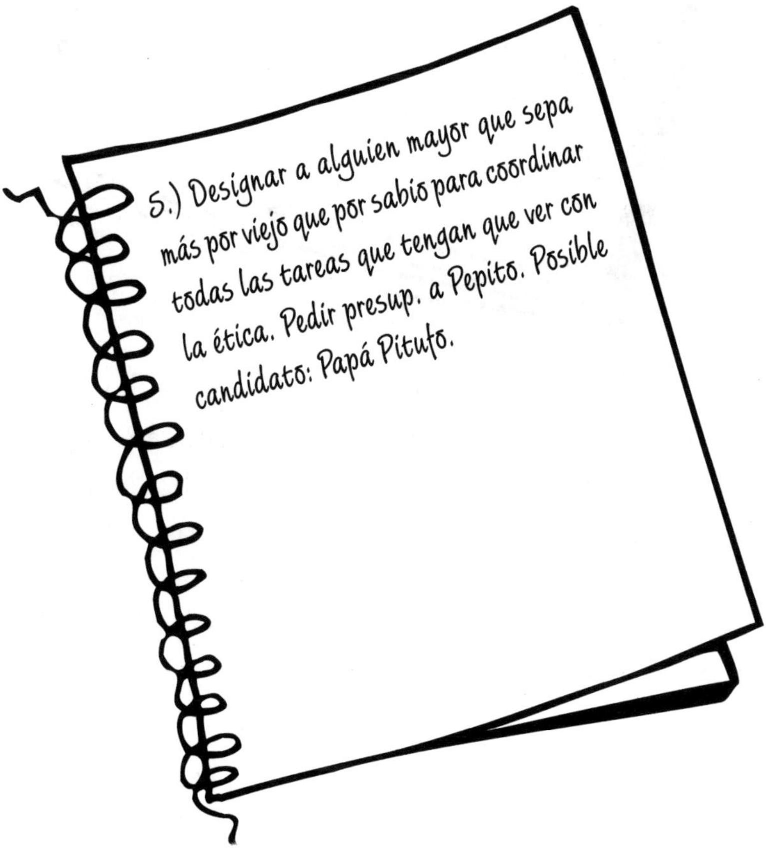

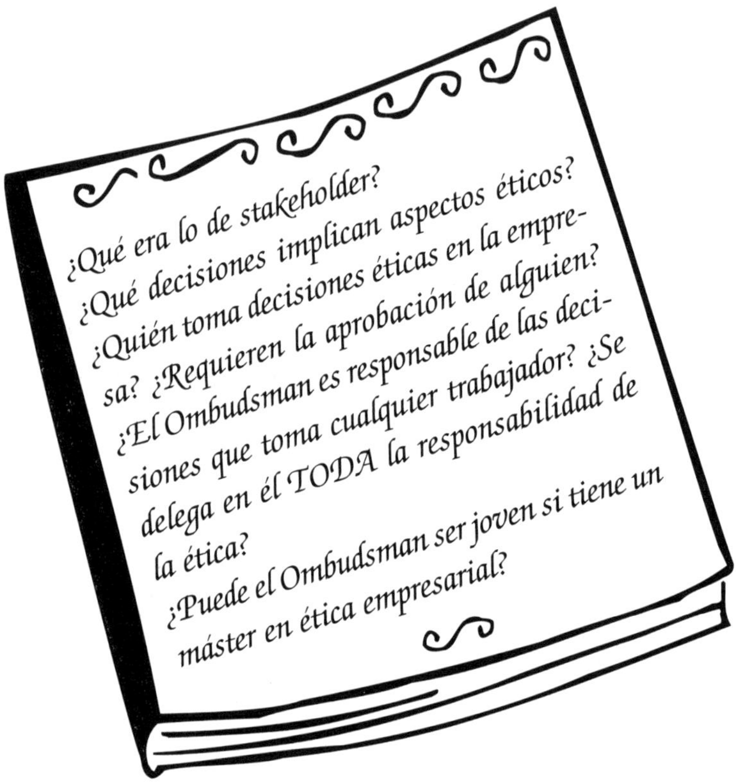

Lo primero que hizo el Ombudsman fue investigar en aldeas americanas diferentes instrumentos éticos y luego propuso un curso de formación para empleados. Se centró en técnicas de aprendizaje muy prácticas: *role plays*, estudio de casos, actividades que fomentaran el trabajo en equipo, etcétera. Gracias a la magnífica labor del Ombudsman (convertido ya en un experto en ética), Hansel y Gretel acudieron al primer curso en sus vidas de formación ética. El Ombudsman exigió la presencia de ambos en el curso para así demostrar el apoyo de la dirección a toda actividad relacionada con la gestión ética. Al principio, les parecía algo surrealista aquello de aprender ética en la empresa, pero pronto comprendieron que así lograrían concienciar a todos los empleados sobre la importancia que la compañía daba a la cultura ética. El resultado fue muy positivo, puesto que permitió a muchos empleados conocer de manera más informal a Hansel y a Gretel.

Además, el Ombudsman logró convencer a la dirección de que pagara el coste de llevarse a todos los empleados a pasar el día fuera y obsequiarlos con una buena comida en, precisamente, el restaurante del Lobo, El Hostal de la Abuela.

Al finalizar el día de formación, Hansel comprendió que la gestión ética, bien entendida, era un instrumento de reflexión útil, ya que invitaba a los empleados a formularse preguntas valientes, a la vez que necesarias, sobre las decisiones que tomaban a diario, muchas veces sin pensar en las consecuencias de las mismas.

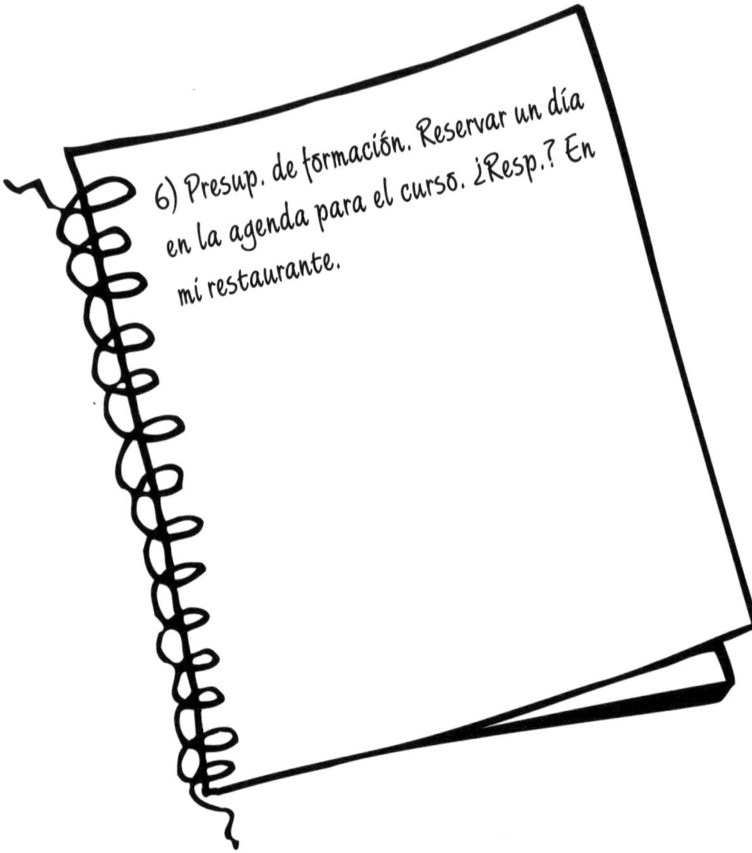

Este tipo de actividades, además, puntuaban positivamente en el *balance social* de la compañía. Hansel explicó que ese balance era un documento con ratios e índices que van más allá del puro análisis contable o financiero. A menudo, este documento conlleva la participación en un proceso determinado y debidamente establecido que

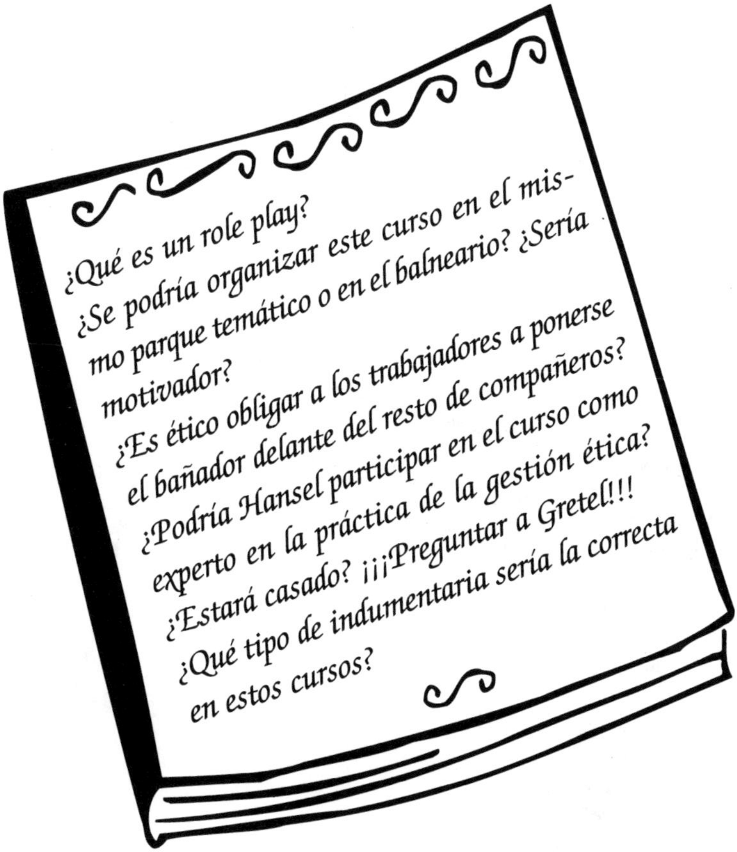

identifica a los responsables de coordinar acciones que garantizan un buen clima laboral. Los gobiernos de sus respectivas aldeas solicitan información de tipo social a todas las empresas que cotizan en Bolsa.

Un *balance social* reúne todo tipo de información, tanto interna como externa a la empresa: número de despidos, número de personas que dejan voluntariamente la empresa, absentismo, programas de prejubilación, evaluaciones del desempeño de los empleados, reubicaciones profesionales, fondos de pensiones, servicio de restaurante, servicio de transporte, asesorías jurídicas, programas de formación, índice de satisfacción de los con-

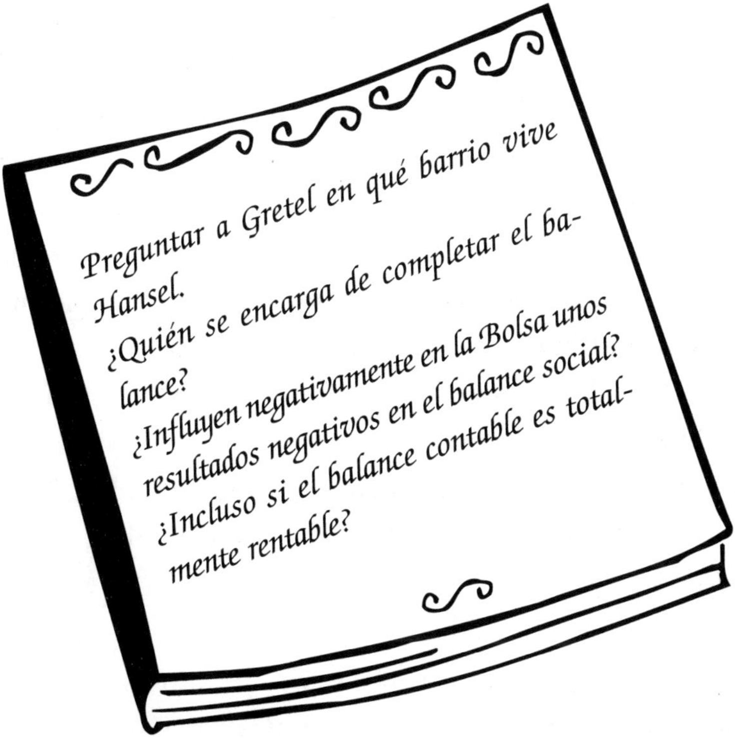

sumidores, de los trabajadores... Resume, pues, la información no financiera que forma parte del valor más «social» de la compañía.

–Este instrumento permite documentar, medir y, sobre todo, mejorar, las iniciativas o responsabilidades sociales de la empresa –concluyó Hansel.

El Lobo escuchaba con interés a Hansel y comenzaba a comprender que la gestión ética ofrecía ventajas. Sin embargo, seguía opinando que aquélla era una filosofía un tanto idealista.

Lo que más frenaba al Lobo era el aspecto económico. No veía muy rentable el tener que hacer webs, financiar cursos, elaborar balances sociales, etcétera. Traducir las buenas intenciones de la ética en costes le desanimaba. ¿Eran necesarios tantos instrumentos? ¿Hasta qué punto es importante como para invertir dinero?

–Hansel, ¿crees que es rentable esto de la gestión ética? –preguntó el Lobo.

–Depende de lo que entiendas por rentabilidad. Estoy convencido de que, a corto plazo, es discutible, pero a medio y largo plazo, lo que sería inconcebible es no tener una gestión ética... Obviar el sentido común o no respetar los principios más básicos es demasiado osado en un entorno empresarial con cada vez más y mayores incertidumbres.

La Reina se quedó fascinada con la respuesta: «¡Qué bien habla y cómo me gusta cuando se pone tan serio!», pensó. No podía dejar de mirar a los ojos de Hansel, eran tan azules que la hipnotizaban con su brillo. A pesar de los kilos de más, circunstancia mejorable con varias sesiones de balneario, Hansel conservaba cierto atractivo. Su forma de hablar era dulce, no parecía que fuera directivo de una multinacional.

–Hansel, me gustaría saber un poco más de tu experiencia en ética empresarial. ¿Crees que podríamos vernos otro día para profundizar en el tema? –preguntó la Reina–. ¿Crees que podrías instruirme...?

–Cuando quiera Su Majestad, será un placer volver a verla.

–Será un honor recibir tus consejos sobre tan apasionante tema –respondió la Reina mientras se mordía el labio inferior.

–Humm... bueno, entonces, ¿la... llamo? –preguntó él.

–Claro, toma mi tarjeta y, por favor..., tu-té-a-me. La Reina sacó su tarjeta del bolso y le tendió lentamente la mano clavando su intencionada mirada en los sorprendidos ojos azules de Hansel.

Hansel guardó la tarjeta bastante nervioso y se despidió de ellos.

–Un tipo agradable, además de buen profesional, ¿no crees? –preguntó el Lobo satisfecho con el resultado de la reunión.

–Todavía no lo sé –contestó pensativa la Reina–, pero me apetece descubrirlo.

–Reina, eres tremenda. Te conozco.

–¿Qué insinúas? –preguntó ella fingiendo inocencia.

–Por favor, sólo me faltaba verte ligar con Hansel. Ya tenía suficiente con esto de la ética, gracias...

–¡No seas celoso, querido! Nuestro amor es imposible, nos conocemos demasiado y, además…, ¿dónde se ha visto a una Reina como yo con un Lobo como tú?

–Oye, sin faltar, que cuando se trata de hacer de malo sé muy bien qué debo hacer –contestó el Lobo.

–Lo sé, por eso estamos aprendiendo a ser buenos, ¿no? –preguntó la Reina.

–Claro, qué remedio. Lo de ser malo ya no se lleva. Antes me sentía admirado y respetado por los que me temían… Ahora temo a los que me admiran. ¿Han cambiado los papeles? No sé, Reina, pero me parece que el mundo está un poco del revés. Esto ya no es lo que era –concluyó deprimido el Lobo–, y yo ya no sé quién soy.

Al día siguiente, Pepito llamó al restaurante. Se excusó por su indisposición y resolvió quedar aquella misma tarde para aclarar todas las dudas pendientes sobre la Séptima Calabaza.

A su vez, el Lobo se sorprendió cuando localizó a la Reina:

–¡Increíble! ¿Hoy todavía tienes batería en el móvil? –le preguntó.

–Verás, es que he estado toda la mañana en remojo, probando uno de los últimos tratamientos anticelulitis: el Supermegafresh. Estamos a punto de estrenarlo, una maravilla… No es que me haga mucha falta, pero me gusta probar todos los servicios que ofrecemos en el balneario. Y por eso tengo batería, porque lo he dejado en mi cuarto enchufado: no quería ser interrumpida. Y ahora me pillas vistiéndome..., lo cual podría considerarse una desafortunada coincidencia, puesto que ¡me estoy congelando de frío!

–Reina, ¿nos vemos esta tarde para acabar de comentar y aclarar las dudas que surgieron ayer? –propuso el Lobo.

–¿Vendrá Hansel?

–No, Pepito ya está recuperado. ¿Crees que es necesario que vuelva Hansel? –preguntó el Lobo irónicamente.

–Bueno, según cómo... puede que no sea necesario..., en el sentido de imprescindible, aunque quizá sería útil...

–No te veo muy convencida. ¡Mejor! –interrumpió el Lobo–, tampoco creo que pueda escaparse dos tardes seguidas.

–¡¡Pero si hoy es sábado!! –replicó la Reina.

–Cierto, tengo tanto que hacer que ya no sé en qué día vivo –respondió el Lobo–. Voy a llamarle.

La Reina entró en el restaurante apresuradamente, llevaba un fastuoso modelo del diseñador más *fashion* de la aldea, Olah Soi-Koko-Lacruá.

–¿Llego tarde? –preguntó mientras se quitaba las gafas de sol–. ¡Té con limón y una sacarina y media!

–Justo a tiempo para empezar, ya estamos todos –respondió el Lobo.

–¿Y Hansel? –preguntó la Reina sin disimular su interés.

–No ha podido ser, estaba en el golf –respondió el Lobo–. ¡Qué guapa vienes, Reina!

–Gracias, adoro este traje de Olah Soi-Koko-Lacruá, su inconfundible y elegante estilo me ha enseñado la diferencia entre estar guapa y estar sexy.

–Normalmente estás guapa, pero hoy..., hay que reconocer que estás muy... –Pepito no osaba decir la palabra.

–¿Sexy? –sonrió la Reina.

–¡Sí, sexy! –exclamó Pepito.

–Pepito, cambiando de tema –interrumpió el Lobo–, ayer charlamos con Hansel. Como sabes, es directivo de Lacasitagolosa, una multinacional que practica la gestión ética desde hace unos cuantos años.

–Seguro que su experiencia fue una buena aportación –contestó Pepito–, le conozco personalmente. La aldea es pequeña, ya sabéis... Os habrá contado entonces en qué consiste la Séptima Calabaza, ¿no?...

–Sí, Pepito, sin embargo nos gustaría que nos respondieras a unas cuantas dudas que fuimos anotando –dijo el Lobo.

La Reina removía compulsivamente el té. Parecía enojada. Finalmente habló:

–Ya que Hansel está ocupado jugando al golf, no tenemos por qué esperar más. Cuando antes empecemos, antes acabaremos.

Pepito y el Lobo se miraron con complicidad:

–Está bien. Empecemos –continuó Pepito–. Preguntad lo que queráis, imagino que necesitaréis algunas aclaraciones.

Pepito fue contestando pacientemente a todas las dudas. Éste es el resumen que pasó en limpio el Lobo cuando llegó a su casa, tras la larga conversación que mantuvieron los tres hasta entrada la noche:

INTRANET

- Es como una red de webs internas de la compañía, suele ser un instrumento de comunicación confidencial.
- Buen soporte para colocar allí todos los valores e ir actualizando contenidos relacionados con la gestión ética de la empresa.
- Permite expresar opiniones a cualquier empleado, en caso de que la Intranet contenga un foro destinado a ello.

INTERNET

- Soporte útil para comunicar los valores y mostrar a

todas las personas externas a la empresa que ésta dispone de una clara orientación hacia la ética empresarial.

PRESUPUESTO INTRANET/INTERNET

- El coste de elaborar y mantener una intranet o una página web en Internet depende totalmente de la complejidad del diseño, la cantidad de enlaces requeridos, etcétera.
- Cada empresa es un mundo, aunque se pueden encontrar proveedores dispuestos a hacer una excelente labor a un coste razonable.

ELABORACIÓN DE LOS CÓDIGOS

- No se compran, se encargan a consultores especializados que los elaboran a medida de las necesidades de la empresa.
- En las aldeas americanas hay especialistas que colaboran estrechamente con los directivos para llegar a una selección de valores que represente la actitud que la empresa desea reflejar en cada una de sus acciones.
- Idealmente, los valores deberían redactarse implicando a diferentes representantes de la empresa de los distintos niveles de la organización.

Tipos y estilos de códigos éticos

- Algunos códigos empresariales vigentes se redactaron hace más de cincuenta años.
- Hay una gran variedad de códigos, declaraciones de principios, normas de conducta, etcétera.
- *Tipos:*

– Profesionales: definen comportamientos de una determinada actividad empresarial (economistas, periodistas, médicos...).

– Sectoriales: evitan las prácticas empresariales que enturbian el sector y los costes derivados de la desconfianza hacia el mismo (publicidad, venta a domicilio).

– Empresariales: explican los principios y valores de una organización, describen la personalidad de la empresa, su carácter, permiten identificar el proyecto de la empresa diferenciándola de otras.

- *Estilos:*

– Estilo Normas de Circulación: limitan la acción con sanciones y señales de tráfico.

– Estilo carta a los Reyes Magos: orientan las decisiones con una lista de ideales universales...

– Estilo Barrio Sésamo: con largas explicaciones, ejemplos de lo correcto, escenarios para un adecuado proceso de toma de decisiones...

FORMACIÓN EN VALORES (O EN ÉTICA EMPRESARIAL)

- Consejo de Pepito: no llamar nunca a estos cursos de «formación en ética empresarial». Influye negativamente a los que a priori ya creen «saber». (Esos individuos que prefieren «adivinar» las instrucciones de montaje antes que tener que leerse todo el manual.)

  Buscar alternativas: formación en toma de decisiones, formación en liderazgo, formación en cultura X, en estilo de la empresa Z...
- Objetivo del curso: despertar la reflexión sobre las morales, motivar el diálogo moral, animar a ser valiente tomando decisiones polémicas.
- Algunas técnicas, como el *role play,* son muy útiles por su aspecto práctico. Ésta, por ejemplo, permite la representación teatral de un caso de ética.
- En las aldeas europeas todavía existen muy pocos profesionales de Ética Empresarial.
- Los profesores de universidad pueden ser colaboradores muy útiles.
- Las consultoras de la aldea están empezando a introducirse en este campo, y algunas de las top 5 ya disponen de una asesoría en gestión ética.

Ombudsman:

- No es el responsable de la ética de todos los trabajadores, sino el coordinador de las acciones destinadas a integrar la ética.
- En muchas empresas no existe un experto o responsable: las actividades relacionadas con la ética pueden organizarse desde diferentes departamentos (legal, comunicación, personal, calidad...).
- No tiene por qué ser alguien a punto de jubilarse.
- Sí es imprescindible que esta función la cubra una persona respetada por todos por su demostrada integridad, porque inspira confianza.
- Papá Pitufo es amigo íntimo de Pepito: estará encantado de escuchar la oferta.

Stakeholder

- Propietario de un trocito de pastel: cualquier persona que tenga una implicación con la empresa (empleados, proveedores, accionistas, clientes, consumidores...).

Decisión que incluye aspectos éticos

- Cualquier decisión que implique consecuencias de tipo moral, es decir, que cuestione los valores de las personas.

BALANCE SOCIAL

- Se trata de identificar unas variables mesurables que permitan evaluar el progreso de la empresa en la gestión ética. Informa sobre la salud de los índices sociales de la empresa.
- Es más importante ver la evolución de los índices que obligan a actualizar anualmente este balance, que la foto que proporcionan en sí: debe implicar procesos orientados a mejorar los índices sociales clave.
- Lo importante no es ver dónde se está, sino lo mucho que se avanza hacia una gestión social, ecológica y éticamente aceptable.
- Es un instrumento de gestión, ayuda a planificar acciones, llevarlas a cabo y ver qué tal han funcionado según unos objetivos preestablecidos.

El Lobo quedó exhausto tras el esfuerzo de resumir lo aprendido en ese día. Definitivamente, eso de ser bueno resultaba agotador. Se acostó pronto y durmió profundamente, sin pesadillas.

La Reina también elaboró su pequeño resumen de lo acontecido. Cuando llegó al palacio le dictó a una de sus sirvientas lo siguiente:

1. Hansel no está casado: confirmado por Gretel hace 5 minutos por teléfono.
2. Descripción de Hansel: ojos azules, aficionado al golf, directivo de una multinacional, sobrepeso pero proporcionadito, adinerado y elegante.
3. Importante: no habría suegros, sus padres fallecieron hace poco.
4. Provocar encuentro en breve. Excusa: necesito instruirme en ética...

–¡Que me enseñen a ser buena puede llegar a ser excitante! –exclamó la Reina–. ¿No crees?

–¿Debo apuntarlo Majestad? –preguntó la sirvienta.

–Mejor apúntame en la agenda que me reserve un día para quedar con él –respondió la Reina–. ¡Ah! Y anota que le pida al Lobo el resumen de lo que nos ha explicado Pepito.

–Sí, Majestad.

–Me voy a acostar pronto, esto de ser ética y buena es demoledor –concluyó la Reina.

Cuando Pepito llegó a casa, Campanilla le estaba preparando la cena. Pepito se sorprendió, porque a ella nunca le había gustado cocinar. La mesa estaba puesta con la vajilla de los domingos. Mantelería de celebración. Candelabros de plata, velas largas y blancas (regalo de bodas). Pepito dedujo que aquello tenía que ver con algún tipo de celebración. ¿La habrán ascendido?

–Cariño, ¿qué celebramos? –preguntó Pepito.

–Dímelo tú, ¡también estabas! –respondió ella.

De repente, Pepito sintió como si un cubo de agua helada se le cayera encima. Sin duda alguna, y por segunda vez consecutiva, había olvidado que era su aniversario de bodas. Dudaba entre disimular su inexcusable despiste, o lanzarse al suelo para rogarle a Campanilla que le perdonara. En esos segundos de inmovilismo y silencio absoluto, Campanilla sonrió…, luego soltó una carcajada…

–Es broma, cariño. ¡Todavía falta una semana para nuestro aniversario!

–Entonces…, ¿qué celebramos? –preguntó Pepito.

–Nada, sólo quería asustarte y de paso avisarte, porque con el ritmo de trabajo que llevas… ¿Qué tal tu reprogramación cerebral del Lobo y de la Reina?

–¡No los estoy reprogramando! –se quejó él–. Los estoy instruyendo en el arte de saber vivir bien, porque encontrar la virtud es convertir en cotidiana una actitud que favorece…

–¡Para, para! Tienes razón, mejor no hablamos de trabajo –interrumpió Campanilla mientras destapaba la olla del caldo casero precocinado–. Tengo una noticia que darte.

–¿Te han ascendido? –preguntó Pepito.

–Bueno, no sé si yo llamaría un ascenso a esto –dijo frotándose la barriga–, pero... ¡vamos a ser padres!

Acto seguido, Pepito se desmayó. Definitivamente, lo de ser padre le parecía algo más que agotador.

¿Conseguirá el Lobo llevar a cabo todas las tareas necesarias para integrar la ética en la empresa? ¿Será Hansel la próxima víctima de la seductora Reina? ¿Logrará Pepito recordar que la semana siguiente es su aniversario de bodas? Y Campanilla, ¿podrá volar mientras esté embarazada? ¿Qué nombre le pondrán al bebé?

MORALEJA 5

- La ética empresarial necesita concretarse en una serie de acciones con objetivos mesurables.
- Las actividades relacionadas con la ética se organizan desde diferentes departamentos: legal, comunicación, personal, calidad...
- Para la integración de instrumentos de gestión ética es necesario definir responsables y presupuestos.
- El apoyo absoluto y público de la dirección es imprescindible para integrar correctamente la ética en la empresa.
- Muchos directivos opinan que la ética es rentable a largo plazo.
- La rentabilidad de la ética no está tan clara a medio plazo.
- Medir la rentabilidad de programas éticos a corto plazo no tiene sentido.
- Medir la ética únicamente desde la rentabilidad no tiene sentido.

6

HISTORIAS PARA NO DORMIR

ÉTICA Y CALIDAD. ÉTICA Y MANAGEMENT. ÉTICA Y MARKETING. ÉTICA Y FINANZAS. ÉTICA Y ECOLOGÍA

> El acoso moral es una violencia en pequeñas dosis, que no se advierte y que, sin embargo, es muy destructiva. Dicho ataque, tomado por separado, no es realmente grave; es el efecto acumulativo de microtraumatismos frecuentes y repetidos lo que constituye la agresión.
>
> MARIE-FRANCE IRIGOYEN, *El acoso moral*

La auditora responsable de supervisar el proyecto de Little Red Park era la señorita Ruth En Meyer, antigua compañera de estudios de Pepito. Se conocieron en el máster de Ética Empresarial que cursaron juntos en una aldea americana.

Ruth provenía del ámbito de las consultoras y trabajaba como auditora especializada en certificaciones de calidad total, ISO 9000, etcétera. Opinaba que la ética y la calidad tenían muchos puntos en común. Por eso decidió matricularse en el máster. La ética le permitía ampliar su formación, y prepararse para, según ella, las futuras necesidades de las empresas. Ruth, de formación empresarial (licenciada en administración y dirección de empresas), criticaba la falta de rigor en los procesos de integración de la ética en ellas. El hecho de ser auditora le permitía ver distintas empresas y en todas comprobó que sucedía lo mismo: los trabajadores no tomaban en serio (por decirlo diplomáticamente) la comunicación de los códigos de valores, aunque no siempre lo reconocieran abiertamente. Como experta en calidad, se frustraba al comprobar que las políticas de calidad total se habían convertido en meros procesos destinados a cumplimentar una serie de formularios. No le parecía justo que ocurriera lo mismo con la ética. En aquellas empresas que se limitaban a completar los formularios de calidad, echaba en falta una conciencia mayor de la necesidad y, especialmente, de las ventajas de aplicar políticas que fomentaran la excelencia. Ése era, según ella, el punto de encuentro con la ética: la continua búsqueda de la excelencia. Opinaba que las empresas enfocadas al aprendizaje continuo, a la reingeniería de procesos, a la orientación total al cliente, etcétera necesitaban de la ética, y viceversa. Para prevenir el riesgo de convertir tanto ética como calidad en meros procesos aislados en el tiempo e impuestos por la dirección, proponía considerar ambas disciplinas desde su esencia, tomar conciencia de su *Leitmotiv* o razón de ser.

Pepito, al ver que faltaban profesionales para llevar a cabo programas de integración ética, decidió dejar su puesto de profesor y cambió de rumbo su trayectoria profesional. Al igual que Ruth, temía las consecuencias de una mala «importación» de la gestión ética típicamente americana. Pepito veía el peligro de encasillar la ética como una tendencia más de *management*, otra moda pasajera y, consecuentemente, perecedera.

Desde el principio, Ruth y Pepito coincidieron en su visión sobre lo que era y debía ser la ética en las empresas de su aldea: los expertos en ética de allí no estaban utilizando el lenguaje empresarial adecuado para hacerse comprender (abusaban del lenguaje filosófico) y no procuraban soluciones concretas a las exigencias inmediatas de los empresarios.

Además de estos obstáculos a la correcta integración de la ética en la rutina laboral, algunas empresas utilizaban de forma errónea los instrumentos de integración. El último caso que escandalizó a Pepito se lo explicó uno de sus alumnos y fue como la gota que colmó el vaso, provocando su deseo de apuntarse al máster de Ética e implicarse así en la parte más práctica de ésta.

El alumno contó que su padre, empleado en una importante multinacional del sector de la confitería, había sido despedido por no cumplir con uno de los valores de la compañía: la honestidad. El padre había mentido a su jefe cuando éste le preguntó por el motivo de su retraso en la llegada al trabajo. Nunca antes se había retrasado. El empleado no quiso explicar que él y su mujer estaban cuidando de un familiar cuya enfermedad era mortal al considerar que se trataba de una circunstancia privada. Desgraciadamente, no recordaba que había firmado unas cláusulas especiales en el contrato laboral en las que aceptaba como falta grave y motivo de despido el no cumplir con los valores corporativos.

El alumno criticaba a Pepito la nueva e inútil moda de la ética empresarial, denunciando que estaba siendo utilizada en contra de los principios que se le enseñaban en clase de ética. Pepito trató de explicarle que su ejemplo mostraba las aberraciones de una mala integración de la gestión ética. Pero que no confundiera una mala aplicación de los instrumentos con la utilidad de los mismos cuando son bien empleados.

Otra alumna, aprovechando la aportación de su compañero, le contó que tuvo que firmar una carta de renuncia voluntaria, sin fecha, a su puesto de trabajo, como requerimiento indispensable para ser contratada como repartidora de pizzas. La responsable de Recursos Humanos le dijo que si firmaba esa carta podría entrar a formar parte de una de las mayores compañías de pizzas a domicilio de la aldea. La alumna firmó porque necesitaba el trabajo.

Pepito, que se limitaba a observar desde la impotencia tantos casos de gestión inmoral, se horrorizaba al comprobar que los ejemplos se estaban convirtiendo en anécdotas cotidianas. Su vocación por el sentido común (el menos común de los sentidos) le impulsó a asumir el reto de abandonar el mundo académico para adentrarse en la jungla empresarial. El máster en Ética Empresarial, junto con la experiencia adquirida en varias colaboraciones con consultoras especializadas en la misma aldea americana donde cursaba el máster, le servirían de base para su nueva tarjeta de visita.

Ruth En Meyer llegó puntual al restaurante del Lobo, pidió a éste un montón de papeles y luego quiso hablar con los futuros empleados. Tras dos días intensivos de trajinar papeles, autorizaciones, homologaciones, etcétera, Ruth completó su informe preliminar necesario para evaluar la viabilidad ética del proyecto del Lobo.

Su auditoría se limitaba a comprobar que las Siete Calabazas eran respetadas y compartidas por todos los miembros de la organización. En la siguiente auditoría, su tarea consistiría en comprobar que se estaban respetando los requisitos y que se estaba midiendo el progreso de la integración ética mediante unos índices definidos y resumidos en un balance social. En él se calcularían todo tipo de variables relativas a la ética en la gestión de los recursos humanos, la relación con el medio ambiente y las relaciones con todos los *stakeholders* en general.

Ruth le comentó al Lobo que, para ella, lo importante de la auditoría no sólo era pasarla, sino la evaluación en sí, ya que permitía ver cómo se estaba evolucionando respecto al año anterior y respecto a otras organizaciones. Un *benchmarking* hecho con regularidad permite compararse con las mejores empresas de cada sector. Conocer los puntos fuertes y débiles de uno es la clave para saber hacia dónde hay que ir, cómo se quiere llegar, si se puede o no, y en cuánto tiempo.

Al acabar los dos días de trabajo, Pepito quedó con Ruth para tomar unas cervezas. Se vieron en el mismo restaurante del Lobo.

–Dos cervezas –pidió Pepito.

–Que sean tres, me uno a vosotros... –contestó el Lobo.

–¿A riesgo de que seamos monotemáticos? –preguntó Pepito–. Sabes que nuestro trabajo nos absorbe...

–Eso de la ética..., ¡qué bobada! –exclamó el Lobo–. Y no os ofendáis, comprendedme. Todavía encuentro absurdo pretender que una empresa sirva de ejemplo ético a la sociedad.

–Pues sí que te veo convencido –intervino Ruth.

Hablaron sobre los viejos tiempos hasta entrada la noche. Finalmente, Ruth les recordó el procedimiento de la auditoría: tras aprobar la viabilidad ética de la propuesta de Little Red Park, deberían demostrar, en un período de seis meses, que se estaban aplicando correctamente todas las políticas de integración ética. De no ser así, tendrían que corregirlo, en el período que concretase el banco, para no perder la segunda parte de la financiación. La auditoría definitiva les daría el siguiente certificado:

Ruth les confesó que era capaz de distinguir a las personas con problemas para actuar éticamente. Contaba que podía notar en su cara y en sus ojos si dormían bien o no:

–Una persona con remordimientos de conciencia no descansa bien por las noches –dijo convencida.

Al Lobo eso le pareció una simplificación muy inocente:

–Los que duermen mal –respondió el Lobo– son precisamente los que tienen remordimientos, y ésos tienen cierta conciencia ética. Los que tú dices serían los «semi-malos».

Según el Lobo, los que actuaban sin pensar en las consecuencias morales de una acción no deberían tener insomnio, puesto que ni siquiera se daban cuenta de su torpeza. Su inconsciencia no les quitaría el sueño puesto que, valga la redundancia, uno no es consciente de su falta de moral.

Pepito, totalmente afectado todavía por la noticia de su

próxima paternidad, añadió que, a veces, son los factores externos los que no te dejan conciliar el sueño (como, por ejemplo, criaturas llorando a las tres de la madrugada).

Aquella noche, tras las palabras de Ruth, todos se fueron a dormir algo alterados...

El Lobo, cansado de una larga semana de trabajo y de tantas profundas conversaciones filosóficas, no tuvo ni fuerzas para cenar, y se metió directamente en la cama. Rápidamente cayó en un sueño muy profundo. Se vio en su futuro despacho, regentando el exitoso parque temático. Llegaban autobuses de aldeas vecinas y lejanas. El Lobo vestía pretenciosos y presuntuosos trajes de marca. Le gustaba disfrutar de esa sensación de poder, había conseguido rodearse de un fantástico equipo de buenos profesionales..., tan buenos, que hacían todo el trabajo (incluido el suyo), mientras él se dedicaba a delegar y a disfrutar de las relaciones públicas.

Tras un agotador fin de semana de desenfrenada lujuria, el Lobo llegaba a la oficina situada a la entrada principal del parque, pensando en que no tomaría ninguna decisión importante y se limitaría a leer los *e-mails*. Con la misma naturalidad de quien revisa el correo a diario, le pasa a su secretaria la lista de gastos. La secretaria le sonríe y le pregunta qué tal ha pasado el fin de semana. El Lobo le responde que «mejor imposible pero no me preguntes más, que te haré enrojecer». Acto seguido, tras leer el periódico, el Lobo sucumbe al cansancio acumulado y no puede evitar dar una pequeña cabezadita en el mismo despacho. Sueña que duerme plácidamente en su butaca de piel. Al despertarse (en el sueño) de su improvisada siesta, descubre que se ha hecho invisible. En vez de asustarse, el Lobo se emociona: siempre había deseado ser invisible para saciar su lado más *voyeur*. Sin pensárselo dos veces, decide darse un paseo por las oficinas.

Descubre entonces que los empleados roban material de oficina, falsifican las liquidaciones de gastos, alardean de ello y se ríen de los cursos de formación de ética empresarial. En un pasillo de las oficinas puede escuchar perfectamente el siguiente diálogo:

EMPLEADO 1: «Si el jefe se pega la juerga padre el fin de semana, no creo que nadie me diga nada por pasar las cenas con mis amigos como cenas de trabajo. Además, no me pillarán, el jefe confía mucho en mí».

EMPLEADO 2: «Todos hacemos nuestras cosas. Yo le dije ayer a un proveedor que sólo aceptaría tener una reunión con él si me regalaba un jamón en Navidad».

EMPLEADO 1: (*riéndose*) «Bien hecho, tu jefe estaría orgulloso de ti. Mientras eso no influencie tu decisión de compra, no le haces daño a nadie».

EMPLEADO 2: «Si nos oyera alguien del curso de formación de ética...».

EMPLEADO 1: «Calla, calla, a veces tengo la sensación de estar en una secta, tanto credo, tanta misión y tanto código de conducta... Ya tuve bastante con los diez mandamientos en catequesis, y con los cursos prematrimoniales. Más sermones no, gracias».

EMPLEADO 2: «¡Si es que los consultores ya no saben qué vendernos! Cualquier día de éstos asistimos a un curso de buenos modales para garantizar la correcta imagen de la empresa en una comida de negocios».

EMPLEADO 1: «¡No des ideas que alguien podría oírnos! Suerte que el jefe es un tío legal... Si algún día soy jefe, yo también me pegaría las juergas a costa de la empresa, ¡no lo dudes!».

EMPLEADO 2: «¡Creo que vas por buen camino! ¿Me firmarías todos los gastos sin pedir explicaciones?».

EMPLEADO 1: «¡Por supuesto!».

EMPLEADO 2: «Creo que serás un buen jefe...».

EMPLEADO 1: «Gracias. Cuando sea director general, me acordaré de ti».

EMPLEADO 2: «Más te vale, porque sabes que te podría chantajear si no lo hicieras».

EMPLEADO 1: «¿En serio serías capaz de eso?».

EMPLEADO 2: «Tan capaz como tú, don Escrupuloso».

EMPLEADO 1: «¡Bien, me gusta tu sinceridad, vas ganando puntos! Cuando sea jefe podrías ser mi mano derecha».

Al Lobo le gustó comprobar que había buen ambiente en su equipo y se sintió orgulloso de verse tan bien considerado por los suyos. Vio que los cursos de formación no servían para nada, pero lo valoró como un mal menor, ya que el objetivo de los cursos no era más que justificar que la empresa seguía una política de integración ética. Suficiente para pasar la auditoría. Además, creía que un pequeño margen de permisividad siempre es tolerable. Si un empleado roba material de oficina para compensar una baja remuneración, está bien. Sale a cuenta, sirve de calmante y, en el fondo, siempre se ha hecho. Los resultados de la empresa ni mejoran ni empeoran por semejantes nimiedades.

Siguió aprovechando su condición de invisible y se acercó al departamento de finanzas. El responsable del departamento se mostraba preocupado. Estaba escribiendo un *e-mail*, probablemente a su esposa:

Fecha: *viernes 13 de abril*
De: *Pío.Gil.Ito@littleredpark.com*
Para: *Diana.Scali@servintelengia.es*
Asunto: *¿Quién ha robado mi... decencia?*

Cariño:

Estoy revisando las cuentas… Ya no sé cómo camuflar los gastos descomunales de las juergas del jefe. Además, mañana viene un auditor y todavía tengo que arreglar unas cuantas pifias que cantan demasiado. Lo que todavía no sé es cómo voy a ocultar unas cuentas que hay en un paraíso fiscal (sin declarar, por supuesto). El jefe las quiere utilizar como fondo de pensiones para los directivos y quiere ir ingresando dinero poco a poco, declarando menos beneficio y esas cosas... Me pregunta a menudo qué artimaña podríamos idear...

Siempre me toca a mí resolver los marrones: eso sí, si mañana el auditor descubre algo gordo, el primero en irme a la calle seré yo…

¿Por qué no me dediqué al marketing? Creo que allí no te echan aunque lances productos ruinosos para la compañía. Con que sepas explicar los motivos ya es suficiente.

Cuando acabe la semana, me tomo la baja por diez días, estoy harto de tapar la mierda de los demás. Mucho cuento ético en los cursos de formación pero, con el ejemplo que predica nuestro jefe, dudo que alguien sepa ya lo que es la decencia. Si los empleados supieran que no podemos subir salarios porque nos gastamos el dinero en orgías… Aunque creo que algunos ya lo saben, y no les importa, es otra forma de «trepar».

Ve reservando un buen restaurante para cenar el viernes, lo de la baja de diez días va en serio, ¡así que vamos a celebrarlo!

Besitos,
Tu Amorcito

PD: Perdona que me desahogue una vez más contigo. Creo que nos merecemos unas vacaciones... ¿Podrías cogerte la baja unos días?

El Lobo se ofuscó cuando vio que su financiero de confianza era tan torpe como para escribir en un *e-mail* los secretos de su gestión. Se enfadó tanto que empezó a soplar y a soplar hasta que el financiero llegó a caerse de la silla envuelto en una nube de papeles.

De repente, el Lobo se convirtió en visible y el financiero le vio allí, pasmado frente a la pantalla de su PC. Gritó del susto y el Lobo también gritó, hasta que despertó de golpe, esta vez de verdad, empapado en sudor.

Miró a su alrededor, todo había sido una pesadilla, se encontraba en su cama. Decidió levantarse a beber agua. La pesadilla le hizo reflexionar. Pensó que era una pena que, ahora que por fin iba a disfrutar de ciertos privilegios como director general del parque, no pudiera aprovecharse de ello. Puede que Pepito tuviera razón al creer que unos mínimos de decencia son necesarios para el buen funcionamiento de una organización. Sintió el peso de la responsabilidad de ser él el primero en tener que dar ejemplo. Empezó a agobiarse ante tal compromiso. Le parecía injusto. Conocía a muchos que alardeaban de aprovecharse del dinero de la empresa, incluso quedaba bien mostrarlo en círculos íntimos. Se acordó de la conversación de pasillo en el sueño: ser un poco malo está bien visto, la gente admira a los astutos que prefieren pasar por despabilados antes que parecer unos pesados abanderados del paternalismo barato, por no decir gratuito.

El Lobo se bebió el agua de golpe y, antes de dormirse de nuevo, pensó que debería preguntar a Pepito sobre el comentario de sentirse integrante de una secta. No veía claro cómo evitar que los empleados vivieran la cultura ética como una imposición sobre su conducta. También comprendió que utilizar las herramientas de integración ética, como la formación por ejemplo, no era garantía de nada y que su mejor apuesta por la ética debía empezar por él mismo, dando ejemplo. «Pues vaya chollo esto de ser jefe», se dijo irónicamente antes de dormirse otra vez.

Esa misma noche, la Reina soñó también con el trabajo:

En el sueño, como responsable del departamento de marketing, había quedado con una prestigiosa agencia de publicidad para desarrollar distintas promociones. La Reina le consultó a una buena clienta que era una *brand manager* adicta al trabajo (y muy fiel al programa de Superhidrorelax), cómo elaborarar un *briefing* para la agencia. Tras informarse, esto es lo que finalmente pasó a los publicistas:

ANTECEDENTES

No hay antecedentes de promociones del parque puesto que es nuevo. El balneario no lo es, pero nunca he necesitado hacer una promoción en mi vida, los clientes han ido viniendo por recomendación de otros clientes.

DATOS DE INTERÉS

El balneario, teniendo en cuenta su capacidad, tiene poca clientela, pero los clientes siempre repiten. En ese sentido, se podría decir que no vienen todos los que podrían venir, pero los que vienen me son muy fieles.

El parque temático atraerá a muchos padres. Tanto hombres como mujeres deberían aprovechar su estancia para dedicarse un momento a ellos mismos. Deben encontrar ese tiempo para su ilusión, su capricho..., olvidarse unos segundos de la familia y gozar de una sana e inolvidable relajación.

PÚBLICO OBJETIVO

Padres y abuelos que acompañen a sus hijos al parque.

OBJETIVO

Aumentar la clientela del balneario creando sinergias con el parque temático.

TRABAJO A REALIZAR

Presentar tres ideas creativas de promoción con ejemplos del material de apoyo necesario (*folders*, dípticos, *displays*, cupones, cuñas de radio).

PRESUPUESTO

A determinar, pero lo más ajustado posible porque no lo teníamos previsto en el presupuesto anual.

TIMING

Muy urgente, para ayer, o lo que es lo mismo, A.S.A.P. (o sea, *as soon as possible*).

La Reina estaba orgullosa del redactado del *briefing*, había intentado utilizar la jerga *marketiniana* que oía a su amiga y clienta. Ésta le había explicado que, para ser respetada en el mundo del marketing, era imprescindible hablar el lenguaje del mismo (y pedir siempre las cosas para ayer). Así, era importante incluir en cualquier conversación, incluso en las de máquina del café, las siguientes expresiones:

- determinar bien el *target;*
- hacer *focus* en aumentar el *share;*
- identificar los *issues;*
- acordar *next steps, timings* y *project leaders;*
- aprender de los *learnings;*

- analizar la evolución de los *KPI's;*
- *briefar* la agencia para organizar un *brainstorming.*

La Reina, en un ejercicio de memorización de tal jerga, escribió en su libreta el siguiente texto:

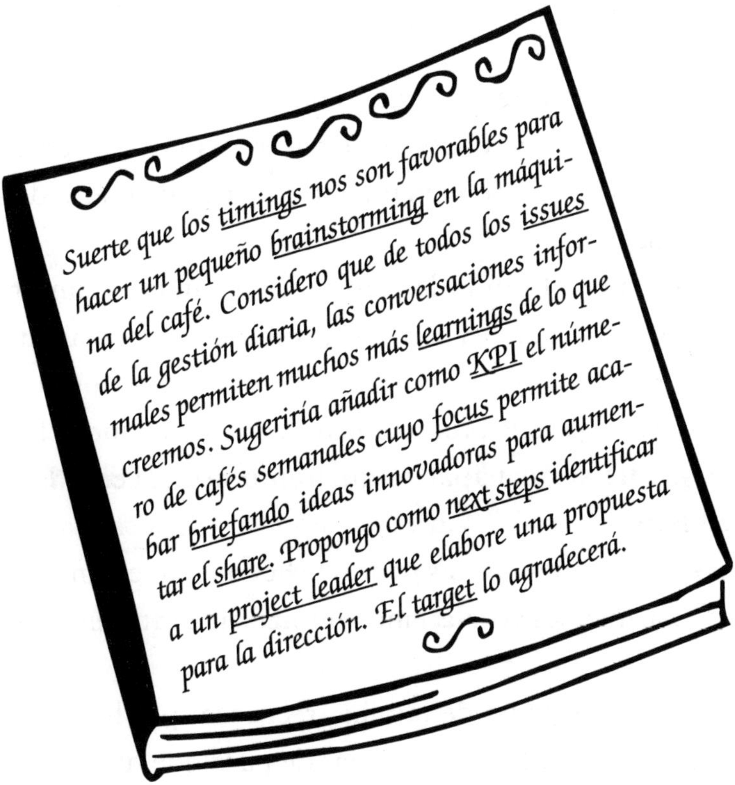

La agencia hizo trabajar a los creativos el fin de semana y presentó varias propuestas...

OPCIÓN A
Descubre si te quieren

Voz de un niño y de una niña alternando las frases:

–Tus padres no te dan lo que necesitas, porque nunca están en casa y además no saben qué es lo que quieres realmente.

–Y si se lo dices todavía es peor...

–Sí, porque entonces no te hacen caso o te dicen que no te conviene, o se meten contigo para distraerte de la conversación...

–Pero en el fondo les quieres, y si quieres comprobar si ellos te quieren o no a ti, sólo tienes que llamar al 123 456 789.

–Participa en la promoción de la inauguración del año y descubre si tus papás te quieren o no..., ven a Little Red Park.

–Si consigues que tus padres te lleven una semana entera al parque, les regalaremos un masaje gratis en el balneario.

–Y si eres padre de familia, recuerda: por hacer feliz a tus hijos, te regalamos un masaje para que tu esposa se relaje y olvide las discusiones diarias.

–¿Que le has sido infiel a tu mujer? ¡Llévala a Little Red Park y verás qué pronto se olvida de todo!

Opción B
Engaño piadoso

–Atención, éste es un mensaje no apto para adultos. Rogamos que los pequeños se preocupen de echar a patadas a cualquier adulto que tenga acceso o que pudiera escuchar el contenido del siguiente mensaje. Little Red Park, tu parque temático donde los cuentos de hadas se hacen realidad, te ofrece la ocasión de tu vida: nada de regalos alucinantes, ni de coleccionables, olvídate de sorteos de viajes para toda la familia. Véndenos a tus padres y, a cambio, tendrás un pase gratuito de cinco días a nuestro parque temático.

–Sólo tienes que conseguir que firmen su bono de veinte sesiones de balneario. Te daremos una lista de ventajas de los masajes del palacio del Agua Divina; si aun así, no logras convencerlos por las buenas, tendrás que hacerlo por las malas. Puedes utilizar el viejo truco: apáñatelas para que firmen una hoja en blanco y luego imprime sobre la firma el contenido que encontrarás en nuestra página web. Así de fácil, es un engaño piadoso, seguro que no se enfadan mucho. Pasa esta información a un amigo, si también entra en la promoción, te regalamos un día más en Little Red Park. Engaña a tus padres y salte con la tuya. Un mundo fantástico de cuentos de hadas se hará realidad… Hazlo por ellos, y por ti, te lo agradecerán.

Opción C
Decisión solidaria

–Acaba con los malos tratos, con la explotación infantil, protege el medio ambiente, fomenta la diversión y alimenta la industria del entretenimiento con un solo gesto: llama ahora al 123 456 789. Atrévete a disfrutar de las vacaciones de tu vida y sé solidario al mismo tiempo. Si duermes en el parque tres días y compras un bono de veinte sesiones del balenario de Little Red Park, estarás financiando el futuro de tres ONG:

• Cuando digo NO es No: contra la violencia doméstica.

• El Trabajo no es un Juego: contra la explotación infantil.

• Una Tierra para toda la Vida: contra la violencia y la explotación de la Tierra.

A la Reina le encantaron las tres opciones, no sabía por cuál decidirse. Dejaría que el Lobo decidiera por ella, para algo era el jefe. Le gustó mucho el enfoque de la agencia: utilizar a los niños para que atrajeran a los padres parecía una buena idea. Lo de la infidelidad también era divertido: la gente se toma demasiado a pecho algunos caprichos, y el balneario era una forma de darse caprichos, así que hay que fomentar la cultura hedonista, para que la gente disfrute dándose un gusto de vez en cuando. Finalmente, utilizar la moda ecologista para hacer un marke-

ting solidario era matar dos pájaros de un tiro: el que quiera gastar en caprichos que gaste, pero que lo haga con la conciencia tranquila. Esta opción atraería a aquellos que se sienten culpables al hacerse masajes porque lo ven como un lujo, un privilegio injusto cuando hay gente que se muere de hambre... Así, todos contentos.

Se despertó del sueño sonriente y satisfecha con la productividad de la noche. ¿Quién necesita una agencia de publicidad?

Esa misma noche también fue oníricamente intensa en casa de Cenicienta. Tenía por costumbre leer un poco antes de acostarse. Cerró el libro. Trataba sobre el acoso moral en el trabajo. Se durmió pensando que, a veces, la vida se pone muy difícil y que hay que tragar mucho para sobrevivir, para pagar la hipoteca, para mantener el buen humor en casa... Sólo le falta a una soportar a un jefe al que debe dar gracias por no ser acosada por él sexualmente, sino moralmente, convirtiéndose así en una víctima más del *mobbing*... No es de extrañar que aquella noche Cenicienta tuviera la siguiente pesadilla:

Corría angustiada al trabajo. No lograba llegar a la hora debido al agotamiento. Pasaba un promedio de doce horas diarias en la oficina. Llegaba tan tarde a casa que sólo tenía tiempo para cenar y acostarse. A veces ni siquiera soñaba. Había adelgazado, y no lograba disimular unas negras y profundas ojeras. En su sueño, todavía no era la directora del banco, sino que un joven trepa, que apenas había trabajado cuatro años para su difunto marido, ocupaba el cargo. Los accionistas principales consideraron que la elección del joven era una decisión prudente, puesto que Cenicienta, a pesar de tener la formación necesaria, carecía de experiencia profesional. Además, aprendería del que fuera la mano derecha de su marido. Sin embargo, Cenicienta no sólo empezó a comprobar que no acababa de conectar con semejante personaje, sino que además, opinaba que el éxito se le había subido a la cabeza. Aquel trepa, más que jefe, era un auténtico ego con patas. La controlaba obsesivamente, revisándole todo escrupulosamente, desde la forma de vestir hasta el estilo en la redacción de sus *e-mails*.

Aquella mañana, Cenicienta debió de correr mucho porque sólo eran las nueve y cinco de la mañana y el jefe solía llegar a y veinte. Sin embargo, topó con él de repente en la puerta del banco.

–Hola, buenos días –dijo ella bajando la cabeza y desviando la mirada.

El jefe respondió a su saludo con un gesto y se dirigió apresurado a su despacho, no sin antes soltarle autoritariamente que la quería ver en cinco minutos. Se lo dijo vociferando desde dentro del despacho. Cenicienta cerró los ojos y pensó: «¿Por qué lo dice así, gritando, si nos acabamos de encontrar en la puerta? ¿Es que todo el mundo tiene que enterarse? Le encanta hablarme a gritos y yo no lo soporto...».

–Cinco minutos, muy bien –respondió ella.

Cenicienta consideraba injusto que él no necesitara tener que convocarla a una reunión. En cambio, ella, como nunca podía hablar con él porque estaba «muuuy ocupado» con cosas más importantes, siempre tenía que pedirle hora. Era la única forma de forzar una mínima comunicación, aunque eso no garantizaba el encuentro, puesto que, a menudo, no se presentaba a la hora concertada. Cenicienta se desesperaba cada vez que quedaban, puesto que él acostumbraba a perder el tiempo delante de sus narices, parecía que lo hiciera a propósito. Sólo tomaba cafés con los clientes cuando sabía que Cenicienta le estaba esperando para reunirse con él. Esa indiferencia le hacía creer que realmente su trabajo no era importante para el banco. Entonces se preguntaba si valía la pena tanto esfuerzo que nadie iba a ver y, menos aún, apreciar.

Lo había intentado todo para mejorar la comunicación con él. Si alguna vez acudía a su mesa sin hora pactada, él sólo la recibía algunas veces, eso sí, siempre atendiendo al teléfono (se trataba además de temas prioritarios, como conversaciones privadas con su novia). Si Cenicienta le llamaba por teléfono, entonces no atendía la llamada. ¿Ley de Murphy o una inoportuna casualidad? Cenicienta tenía inventada una palabra que definía muy bien sus «desencuentros» con el jefe: *incoincidencia*. Con él, todo eran incoincidencias, especialmente de criterio, de opinión, de formas de ver o entender la vida. Eran terriblemente *incoincidentes*. Cenicienta no comprendía su actitud tan variable con ella, sabía por un compañero de trabajo que había hablado de ella con sus amigotes, y les había dicho que le daba morbo... ¿Cómo podía decirles a personas que no la conocían que le daba morbo? ¿Y por qué? ¿Acaso quería acostarse con la que fuera esposa de su ex jefe? No le comprendía, a ratos era encantador y otras veces odioso.

–¿Se puede? –preguntó Cenicienta.

–Pasa, pasa... –le dijo él invitándola a entrar con la mano–. Siéntate. Estoy preocupado. Últimamente no coincidimos en algo muy importante y no sé cómo resolverlo. Creo que tenemos un problema de criterio. Lo que yo considero importante no lo es para ti. Tomamos decisiones diferentes, me informas de lo poco importante y, en cambio, no me comunicas decisiones clave que tomas sin consultarme. Y eso es general, lo que yo considero importante difiere de las prioridades que estás dando a tus tareas. No sé si es un problema de organización, pero a estas alturas deberías saber distinguir lo importante de lo urgente, ¿no crees?

–¿A qué te refieres? –preguntó ella–. No comprendo por qué me dices todo esto.

–A veces me consultas temas sin importancia y otras veces resuelves situaciones sin ni siquiera comentármelo –contestó él–. Y, además, me entero de casualidad.

–No siempre encuentro el momento de comunicarte las cosas, estamos los dos tan liados... –se excusó ella.

–Ayer estuvo llamándote Hansel –continuó el jefe–. Sabes que es un cliente muy importante. ¿Lo sabes, no? –preguntó insistente.

–Claro, ¿cómo no voy a saberlo? –dijo Cenicienta.

–No tuvo más remedio que preguntar por mí porque, tal como me dijo textualmente, estaba «harto de intentar hablar contigo».

–Eso es porque ayer estuve en reuniones prácticamente todo el día –se excusó Cenicienta–. Tengo un montón de llamadas en mi contestador que todavía no he podido responder.

–Mira, Cenicienta, sabes que puedes confiar en mí, yo estoy haciendo todo lo que sé para darte la mejor formación posible, quiero que seas la mejor directora de este banco. Es como una deuda que tengo con tu marido... A pesar de que él y yo éramos rivales, en el fondo, siempre nos hemos apreciado mucho. Aún me acuerdo de cuando empezasteis a salir, yo era su confesor, ¿sabes? ¡Qué remedio! Trabajábamos mesa con mesa, el uno al lado del otro... Si es que, en el fondo, soy un buenazo, deberías saberlo. Deberías saber cómo te aprecio a ti también...

–Lo sé, y te agradezco mucho que confíes en mí... Si te parece bien, pediré que me pasen las llamadas de los clientes importantes en las reuniones.

–¡¡No!! –exclamó el jefe, que parecía disfrutar, como siempre, llevándole la contraria.

–Pero... ¿Por qué no? –preguntó sorprendida–. ¿Acaso no consideras importante que atienda a nuestros mejores clien...?

–¿Lo ves? –interrumpió él–. Tenemos un problema de criterio. No sé, Cenicienta, si hago algo mal, dímelo. Es tu responsabilidad que yo sea un buen jefe contigo.

–Claro... –Cenicienta no sabía muy bien qué decir–. Entonces, ¿qué crees que debería haber hecho al saber que iba a estar en reuniones todo el día?

–Yo habría dejado un mensaje en el contestador, por ejemplo –respondió el jefe como si fuera obvio, y haciéndola parecer una inútil por su falta de previsión.

–Tienes razón –contestó Cenicienta avergonzada e insegura–, ya lo dijiste una vez, pero pensaba que sólo era en el caso de estar fuera de viaje, no metida en una reunión.

–Cenicienta, sabes que siempre acabo sacándote las castañas del fuego, pero no podemos seguir así: Hansel es un buen amigo mío y por eso no se ha enfadado... No quiero ni pensar lo que hubiera ocurrido si, en vez de él, hubiera sido otra persona... Debes recordar que no siempre tendrás a un jefe tan bueno como yo para ayudarte.

–Muchas gracias por tu ayuda –le sonrió ella–, puede que esté algo agotada.

–No hay de qué. Te propongo una cosa –sugirió él–. Creo que deberías tomarte tu tiempo, hacer una pausa de vez en cuando y pensar. Creo que al tener que ir a toda prisa, no piensas suficientemente todo lo que haces, y de ahí tantos errores. Por tu puesto de trabajo, tienes muchas tareas urgentes, y eso genera más posibilidades de error. ¿Crees que podrías parar en algún momento, después de comer, por ejemplo, para pensar más en tus tareas diarias? Así podrías elaborar procesos y formas de organizarte, lo que te ayudaría a reducir el número de fallos... ¡Y no me enrollo más, que hay que ver lo que me gusta hablar!

–Vale jefe, muchas gracias por tu tiempo –respondió ella sumisa.

–Sabes que no me importa, que en el fondo me encanta que me escuches... Creo que soy un poco narcisista... Me encantaría tener un jefe como yo... Sabes que quiero ayudarte... ¿Sabes por qué?

–¿Por qué?

–Porque confío en ti. Si no fuera así, no estarías llevando las cuentas que llevas. Puedes hacerlo, sólo tienes que demostrármelo –contestó él–. Tú serás mi creación, serás una profesional excepcional. Serás el fruto de mis enseñanzas, que no tienen precio... Bueno, para la empresa sí, claro, ja, ja... Tienes que ser mi obra de arte, ¿comprendes? Si soy exigente es por ti. En el fondo, siempre te acordarás de mí.

–Por cierto –dijo ella aprovechando un momento en que el jefe no tuvo más remedio que hacer una pausa para encenderse el cigarrillo–, necesito hablar contigo sobre unas cuentas especiales, son clientes importantes y no estoy muy segura de aprobar ciertos créditos. ¿Cuándo podríamos hablar?

–Uf, esta semana imposible –le contestó tirándole el humo a la cara–, tendrá que ser la que viene.

–Pero la decisión no puede esperar tanto –se quejó ella.

–Pues tendrás que decidirlo sin mí, lo siento –respondió él–. Ya te dije que no siempre puedes tener a alguien para que te saque las castañas del fuego. Mándame un *e-mail* con tus decisiones.

Lo que más le molestaba de él era la forma en que decía las cosas. Volvió angustiada a su mesa, ya había oído ese discurso otras veces y, lejos de tranquilizarla, cada vez la ponía más nerviosa. Tenía pánico de volver a equivocarse y no sabía a quién pedirle consejo. Se pasó toda la tarde haciendo cálculos.

Cenicienta no comprendía por qué no conseguía mantener una comunicación fluida con su jefe... Es más, se veía víctima de una importante desinformación, ya que el jefe no solía comunicarle las cosas importantes para su trabajo. Tampoco le mandaba copia de *e-mails* cruciales para su gestión diaria. Cuando Cenicienta se quejaba, su jefe se disculpaba justificándose:

–Qué despistado que soy, lo siento.

El jefe fue a verla antes de irse. Cenicienta sentía una especie de terror cada vez que él se le acercaba. Creía que era para echarle alguna bronca delante de todos. No lograba acostumbrarse a los prontos de su jefe. Era tan imprevisible. La última vez la dejó en ridículo delante del resto de directivos porque, en una reunión en la que no se comprendían unos resultados que ella presentaba, lejos de ayudarla, la atacó directamente poniendo en duda todo su trabajo. Ella sabía que el mundo laboral puede llegar a ser muy duro y que es imprescindible saber tragar y morderse la lengua a tiempo. El jefe perfecto no existe, se repetía una y otra vez... Pero no tenía suficiente experiencia como para saber cuán imperfecto era su jefe. Para suerte del jefe, por supuesto.

–Cenicienta, voy a pedirte un favor muy especial... –le dijo el jefe–. Tranquila, no es nada sexual –añadió sonriente, sorprendiéndose a sí mismo de lo gracioso que creía ser.

–Muy gracioso –se atrevió a contestar ella.

Había otros empleados en la sala, Cenicienta se sintió incómoda...

–Verás, Ceni –el jefe solía utilizar ese diminutivo cuando quería algo de ella–, necesito revisar la planificación de presupuestos y no voy a poder hacerlo a menos que quieras venir al banco el sábado por la mañana. Sabes que no me gusta tener que pedírtelo pero es que la reunión con los accionistas es el lunes, y no tengo otro momento para quedar contigo. ¿Tenías planes para el fin de semana?

–Bueno, no importa, puedo venir –contestó ella. No era la primera vez y ya estaba acostumbrada a tener que trabajar los sábados–. Así podríamos ver lo que te he comentado antes, sólo serán unos minutos... –añadió ella.

–Uf, imposible, si precisamente te quería pedir que quedásemos muy pronto por la mañana porque quiero irme a esquiar el fin de semana. Si acabamos a las diez, me dará tiempo de todo. ¿Crees que podríamos quedar a las ocho?

–Claro, así aprovecharé mejor el día –contestó ella disimulando su resignación.

–Ceni, en este trabajo, a veces hay que sacrificarse... Si no lo haces, nunca serás nadie. Te podría dar muchos ejemplos de personas que, al no dar la talla, se han quedado acomodados en puestos administrativos... Creo que no necesito darte nombres de gente inteligente que se ha quedado en el camino, ¿verdad?

–Ya. –Cenicienta se mordía la lengua. Pensaba que no había nada malo en ser administrativo, y que su jefe tenía todo tipo de prejuicios.

–Por cierto, Ceni, necesito que me redactes un informe con el análisis de la situación de morosos para la reunión del lunes.

–Vale, pero ¿cuándo quieres que lo haga?

–Lo necesito para mañana a primera hora –añadió el jefe–, porque estaré de viaje y me gustaría revisarlo antes de irme.

–¿Qué quieres que deje de hacer entonces? –replicó ella intentando disimular su crónico estrés.

–Pero si ese informe no lleva nada de trabajo. Es más, ya deberías tenerlo hecho, sabes que te lo pido más o menos mensualmente... Seguro que podrás hacerlo. Te recuerdo que cuando yo estaba en tu puesto, llevaba el doble de cuentas que tú...

Cenicienta se volvió a morder la lengua, el trabajo que él había hecho en el pasado nada tenía que ver con el suyo. Los tiempos habían cambiado..., y el trabajo era diferente y mayor.

En el sueño se ahogaba. El llanto contenido le oprimía el pecho. Se veía demasiado joven para defenderse ante tal personaje. La terrible torpeza de jefe novato y joven hizo estragos en la autoestima de Cenicienta que, poco a poco, se iba sintiendo más inútil y más culpable en el trabajo. Cada vez estaba más agotada y harta de todo. Cada mañana le costaba más llegar puntual. Aquella mañana en concreto estaba muy triste. La noche antes el jefe le había dicho que no actuaba como una futura *manager* y mucho menos como una líder con el estilo requerido en Hada's Bank. Cenicienta no podía más. El jefe, con el afán de convertirla en su particular obra de arte, lo único que conseguía era ir matándola lentamente.

Para llegar a la oficina, Cenicienta debía recorrer unos kilómetros de carretera, puesto que su casa estaba a las afueras de la aldea. Esa mañana, la tristeza, mezclada con las prisas, se convirtió en el fatídico cóctel llamado «conducción temeraria» y acabó por salirse en una curva. El coche voló alejándose de la calzada y empezó a caer en un vacío infinito, oscuro y denso. En ese momento, Cenicienta se despertó gritando, empapada en sudor. Por suerte, sólo había sido una terrible pesadilla.

Tenía lágrimas en los ojos y sentía aún la fuerte presión en el pecho. Se había sentido acosada moralmente por su superior. Decidió incluir este concepto en el listado de las Siete Calabazas. No logró conciliar de nuevo el sueño.

Hansel se tomó su habitual pastilla para dormir. Cuando la droga hizo efecto se vio a sí mismo hablando con la Reina. Bebían y reían sin parar. La Reina le confesó que estaba muy contenta, porque sabía que las acciones del parque iban a subir gracias a la aprobación del plan especial que contemplaba que el tren de alta velocidad parase justo delante del parque. Según la Reina, tras unas arduas negociaciones y unas cuantas copas, había logrado convencer a algunos altos cargos de los ministerios de la UAE (Unión de Aldeas Europeas) de la necesidad de que el tren de alta velocidad tuviese una parada en Little Red Park. La información iba a publicarse en breve. Hansel se llevó a la Reina a la cama, soñó que gozaban hasta satisfacerse. Sin embargo, no hizo más que cumplir, puesto que tenía la cabeza en otra parte. Pensaba en cómo utilizar aquella valiosa información. Finalmente, aprovechó que la Reina dormía para llamar a su íntimo amigo y confidente, el capitán Garfio. Ambos formaban parte de una sociedad muy secreta que se reunía la última noche de cada mes. Celebraban sus encuentros en un lugar escondido en el bosque. Era una especie de castillo, y en él podían entrar los integrantes de dicha sociedad. La contraseña cambiaba cada vez. Tenían su propia indumentaria, un largo hábito marrón con capucha. Los integrantes juraban respetar doce normas sagradas cuya finalidad era siempre beneficiar a los miembros de la sociedad secreta. En ese lugar, se tomaban importantes decisiones políticas y económicas, puesto que los integrantes eran altos cargos de diferentes poderes e instituciones.

–Garfio, tienes que hacerme un favor –le dijo Hansel por teléfono–. Deberías comprar acciones de Little Red Park. Vamos a medias, ¿de acuerdo? Confía en mí. Compra todo lo que puedas. Palabra de HOSV (Hermano de la Orden Secreta de los Valientes).

Al día siguiente, la Reina, resacosa y Aspirina en mano, le confesó que tenía una enfermedad psicológica inconfesable, y que si iban a seguir a juntos, él tenía que saberlo: era una mentirosa compulsiva.

–Pero no sufras, cariño –se excusó ella–, siempre acabo confesando mis mentiras, por mucha vergüenza que pase. En el fondo, sigo siendo honesta. Es incurable, ¿sabes? Es mentira, ja, ja...

Pronto descubrió que ningún tren de alta velocidad iba a parar en el parque. Llamó a Garfio en cuanto pudo para detener la orden. Demasiado tarde, había invertido todo lo que tenía y más. Cuando Garfio se enteró ya había perdido dinero, puesto que tuvo la mala suerte de venderse, para la compra, unas acciones que estaban subiendo increíblemente... Hansel no comprendía nada. ¿Cómo era posible que las acciones que había vendido Garfio hubieran triplicado su precio...? Precisamente había vendido acciones del tren de alta velocidad, que ese día se había anunciado que cubriría el recorrido entre la aldea vecina y la capital de la UAE. Garfio se enfureció mucho al enterarse, y fue a por Hansel con intención de matarle. Por su culpa había comprometido a otros hermanos de la Orden Secreta pidiéndoles dinero. Una de las doce normas sagradas era no fallarle nunca a un Hermano.

Hansel se despertó gritando cuando, en el sueño, Garfio estaba a punto de arrancarle la lengua con su gancho. Empapado en sudor, fue a por un vaso de agua, pensó en los riesgos de ser malo y que quizá debería cambiar las pastillas de dormir por otras más fuertes que le impidieran soñar. Prefería sacrificar los sueños eróticos con la Reina y evitarse pesadillas como la de la persecución del capitán Garfio.

Ruth se acostó a su hora de siempre, siguiendo el mismo ritual de cada noche. Solía ser metódica y reconocía que eso la ayudaba a no padecer nunca insomnio. El proceso empezaba con el pijama y, tras varios viajes a la habitación, al baño y a la cocina, acababa siempre con un vaso de agua en la mesita de noche. Tras unos diez minutos de lectura de *Aprenda a tener éxito sin perder a sus amigos*, se durmió profundamente. Ruth no recordaba nunca los sueños, pero el de aquella noche fue tan real que, cuando se despertó, era tal su angustia que tuvo que tomarse una tila antes de ir a trabajar. En el sueño, Ruth se sentía tremendamente culpable, a la vez que responsable, de no haber completado correctamente la auditoría. Había olvidado comprobar unos datos archivados en una subcarpeta correspondiente al capítulo de ecología. La forma en que se daba cuenta del hecho era un tanto surrealista.

En el sueño, Little Red Park era ocupado por miles de seguidores desnudos de una ONG ecologista, con pancartas en las que se denunciaba la toxicidad de las aguas del parque. En una pancarta se podía leer: «Siempre indefensos, como el día en que nacimos». De repente, los manifestantes identificaban y señalaban a Ruth como responsable de la no detección de esa anomalía en el momento de la auditoría ética. Todos corrían hacia ella, que se encontraba justo a la entrada del parque. Ruth empezaba a correr a su vez y conseguía arrancar a volar. Volaba con naturalidad, como si lo hubiera hecho antes. No acababa de creer que hubiera salido sana y salva de la situación. Aprovechaba su inesperado superpoder para darse una vuelta por encima del parque, y, al hacerlo, identificaba una roca sospechosa muy cerca del palacio. Ésta provocaba un desnivel pronunciado que formaba una bonita cascada. De repente, la cascada empezaba a crecer y Ruth, sin saber por que, perdía altura. Sentía como si la roca tuviera un enorme poder magnético que la atraía sin remedio, y con mayor fuerza cada vez. Cuando estaba prácticamente a un metro del agua de la cascada, se despertó de golpe. El despertador marcaba las siete de la mañana. Ese final la disgustó mucho, porque le gustaba la sensación de volar.

Una vez en el trabajo, se preguntó si debería revisar los informes, sobre todo los relativos al apartado ecológico.

¿Descubrirá Ruth alguna irregularidad en los informes de la auditoría? ¿Dejará el Lobo de soñar que quiere timar a la empresa con las liquidaciones de gastos? ¿Se convertirá la Reina en una *marketiniana* agresiva? Y Hansel, ¿tendrá más pesadillas? ¿Soñará que le echan de la Orden Secreta de Valientes, o le matará antes Garfio?

MORALEJA 6

- La no reflexión como rutina conduce a auténticas pesadillas.
- La calidad y la ética tienen mucho en común.
- La calidad y la ética comparten la aspiración de la continua búsqueda de la excelencia.
- Comparten el riesgo de caer en la rutina administrativa (formularios, auditorías...).
- Para sufrir remordimientos de los que quitan el sueño hay que tener algo de decencia.
- Sólo con el ejemplo se fomenta un cambio en las actitudes.
- La falta de ética desmotiva al trabajador.
- El marketing social, aunque social, sigue siendo marketing.
- El acoso moral, aunque poco perceptible, es muy peligroso.
- El uso indebido de información privilegiada es un riesgo legal y económico.

7

EL ACUERDO SOBRE EL METEORITO MÁGICO

EL PROCESO DE TOMA DE DECISIONES

El modo en que vemos el problema es el problema.

STEPHEN R. COVEY
Los 7 hábitos de la gente altamente efectiva

CINCO HORAS CERO CINCO DEL SEIS DE JUNIO. HOSPITAL NUESTRA SEÑORA DE LAS NIEVES.

Pepito estaba nervioso. Campanilla llevaba un buen rato en el quirófano. Él había preferido no entrar, temía desmayarse. Era muy sensible a las emociones fuertes. En la sala de espera ya no sabía qué hacer. Se había tomado dos cafés y tres chocolatinas, y había hojeado todas las revistas. Esa madrugada se encontraba totalmente solo, ninguna otra aldeana iba a tener un bebé. El pobre Pepito no podía compartir sus nervios con nadie. No quería avisar a la familia hasta primera hora de la mañana, así es como había quedado con Campanilla.

Empezó a reflexionar sobre las consecuencias de ser padre. Con lo que defendía él la necesidad de pensar dos veces las cosas y no sentía en cambio que hubiera meditado aquello suficientemente. Quizá porque hasta ese momento no empezaba a creérselo. ¿Acaso no era increíble? ¡Iba a ser padre! Ni más ni menos que padre, como lo había sido su padre y el padre de su padre, y así hasta el infinito. Traer un bebé al mundo tal como estaban las cosas no era precisamente una decisión para tomarse a la ligera. ¿Sería feliz su hijo o hija en la aldea? ¿Tendría oportunidades para cumplir sus sueños? ¿Cómo saber si esa decisión no sería un error? ¿Por dónde empezar a valorar los pros y los contras de algo tan importante como ser papá?

Sacó la libreta que siempre llevaba encima y escribió lo siguiente para su hijo/hija:

Querido desconocido:

Pronto nos veremos
por primera vez,
estoy más nervioso que nunca.
De mí sólo conoces la voz
que le habla a tu madre.
Sí, dulce criatura,

yo soy el de las palabras tiernas
antes de acostarnos.
Y también el malhumorado
insoportable de las mañanas.
No sé si seremos buenos padres para ti,
porque a veces no sé qué significa ser bueno.
¡Y eso que soy un estudioso del tema!
Me pagan por distinguir
lo bueno de lo malo,
aunque prefiero decir
que trato de averiguar
qué es lo más correcto y
qué es lo menos malo.

Verás como las cosas
no son nunca blancas o negras,
sólo si sabes nadar entre grises
te sentirás cómodo en este mundo,
es entonces cuando
brillarás con tu propio color.
Y te advierto que
no tendré respuesta
a todas las preguntas
que te puedas hacer...
¡Aunque seguro que juntos

descubriremos muchas cosas!
Tengo tantas ganas de abrazarte...
Sólo deseo que tú también
llegues a sentir
el amor que me invade
cuando pienso en ti.

¡¡Me llaman!! ¡Voy a conocerte!
Con amor,

TU PAPÁ

Pensó que si naciera niña debería corregir las líneas que acababa de improvisar... ¿Qué sería más correcto, reescribirlo todo, o corregirlo encima? ¿Por qué le era más fácil pensar en un niño? ¿Acaso no le daba lo mismo?

SEIS DE LA TARDE. HABITACIÓN DEL HOSPITAL.

Es un niño. Precioso, se parece a su madre.

Si fuera fumador, encendería un cigarro para la ansiedad.

En esos mismos días, Ruth se disponía a efectuar la segunda vuelta de la auditoría. Habían pasado ya seis meses desde la primera. Ruth nunca llegó a revisar las carpetas y subcarpetas de la parte ecológica, porque creía que era de supersticiosos hacer caso a los sueños. Pensó que lo miraría con detenimiento en la segunda vuelta. Y así lo hizo, seis meses más tarde...

Al revisar los informes que supuestamente justificaban la viabilidad ecológica del proyecto, Ruth no comprendía las conclusiones de los análisis de las aguas. Éstos sólo demostraban que el agua del balneario era distinta a la utilizada en el parque, pero en ningún lugar aparecía un estudio sobre su toxicidad. Encargó el análisis a los Siete Enanitos y encontró indicios de toxicidad en el agua del balneario. Sucedió que sólo detectó anomalías en el Agua Divina, ninguna duda sobre el agua del parque. Habló con los Siete Enanitos. Le explicaron la experiencia paranormal del enanito que confesaba haber bebido esa agua. El enanito que se había colado una noche en el balneario y, al beber el agua que bajaba de la cascada formada por una extraña roca, se había visto alto durante unos minutos, tres veces más alto de lo que era. Ruth, confusa ante la absurda historia que acababa de escuchar, decidió llevar los análisis a un químico, quien ratificó la toxicidad del agua y confirmó las sospechas de Ruth. Algo raro había en el Agua Divina, tal como había advertido en sueños.

Ruth, con los resultados del segundo análisis recién sacados del horno, telefoneó al Lobo, que en ese momento se encontraba en el restaurante. Le puso al corriente de la situación. El Lobo acudió a las oficinas de Ruth de un salto, y ella le contó lo sucedido. El Lobo no lo podía creer...

–No puede ser, las aguas del balneario... ¿tóxicas? ¿Desde cuándo? –preguntaba una y otra vez el Lobo visiblemente alterado.

–Desde que un meteorito le dio propiedades alucinógenas al agua –explicó Ruth.

–¿Alucinógenas? ¿Qué quiere decir alucinógenas? ¡Parece que hables de una droga! –se escandalizó el Lobo–. ¡Yo no quiero saber nada de esa historia!

–Con mi pequeña investigación me atrevo a decir que el meteorito tiene unas propiedades mágicas, y que las personas que beben del Agua Divina, ven lo que quieren ver. Es, sin duda, un importante hallazgo científico.

–¡Y un tremendo contratiempo! –dijo el Lobo.

–Como muchos descubrimientos que marcaron la historia –añadió Ruth.

–Ya, pero en este caso, creo que hubiera preferido no formar parte de ella –protestó el Lobo.

Ruth le fue contando cómo había llegado a aquella conclusión mientras el Lobo la escuchaba paralizado. No era posible, pensaba que lo que le estaba sucediendo no era real. Se pellizcó varias veces hasta que le dolió, y comprobó que no era una pesadilla. Lo que estaba ocurriendo le parecía increíble, ya que ahora todo estaba en marcha.

–Cuando fui a preguntarles unas dudas sobre el informe a los Enanitos –continuó Ruth–, uno de ellos me confesó haber bebido esa agua una noche. ¡Creo que el enanito alucinó porque dijo que se había visto alto y delgado!

De repente, el Lobo recordó la conversación que tuvieron el día que se colaron en el palacio de la Reina para analizar el agua. Ya se había olvidado del comentario del enano. En aquel momento, había estado tan preocupado por demostrar que las aguas eran distintas, que no le hizo caso.

–Todo cuadra en mi hipótesis –proseguía Ruth–: las damas, obsesionadas por su belleza, se ven guapas y esbeltas tras unos tratamientos de Agua Divina, por eso siempre vuelven.

–¿Siempre repiten porque al cabo de unos días se vuelven a ver gordas? –preguntó el Lobo, horrorizado.

–Claro, y de ahí la fidelidad de la clientela –continuó Ruth–. Pregúntale a Gretel cuántas veces ha ido al balneario en lo que va de año. Seguro que nos sorprendería a todos comprobar que es una adicta, es decir, una víctima del Agua Divina.

Ruth le estaba convenciendo, y el Lobo no podía aceptar que tuviera razón. Parar el proyecto le parecía impensable.

–Pero... –balbució el Lobo sin saber qué decir–. ¡Todo

esto sólo afecta al balneario, no tiene por qué afectar al parque temático! –exclamó.

–Claaaro que afecta –respondió Ruth–. ¿Acaso no está previsto utilizar el balneario como hotel para el parque?

–Sí, es cierto.

–¿Hay algún otro hotel para el parque? –preguntó Ruth.

–No, habría que construirlo.

–Entonces, comprenderás que no puedo dar por aprobada la auditoría si no solucionas antes el efecto tóxico-alucinógeno del agua –concluyó ella.

–¡No es justo! –se quejó el Lobo–. Ese problema existe desde hace muchos años, casi siglos. ¿Por qué de repente es tan importante? Si en todo este tiempo nadie se ha quejado... ¡No creo que sea tan grave!

–No sé cómo supervisaban antes los balnearios, pero sí tengo clara una cosa: hubo una época en que incluso la esclavitud estaba bien vista, y eso duró muchos siglos...

–Pero ¿qué tiene que ver eso con mi parque? –preguntó el Lobo.

–Entonces la gente consideraba la esclavitud algo normal –aclaró ella–. Imagínate en qué mundo vivían antes...

–Ya, hasta que un día, alguien se dio cuenta de que era grave, ¿no? –interrumpió el Lobo, nervioso.

–... Y cada vez más personas estaban de acuerdo sobre esa gravedad. Hasta que unos siglos más tarde se consiguió condenar a los amos y a los traficantes de esclavos –concluyó Ruth.

–Lo comprendo –respondió el Lobo procurando calmarse–, sin duda fue un gran paso. Ahora ya no hay esclavos, sólo explotados...

–No seas exagerado –se quejó Ruth–, aunque estoy de acuerdo en que la explotación es igual de condenable.

–Por favor, Ruth –le rogó el Lobo–, no presentes todavía tus conclusiones al banco, déjame solucionarlo a mi manera.

–Debo hacerlo, es mi deber –contestó Ruth–. Es más, es una obligación asumir mi responsabilidad puesto que no detecté la anomalía en su momento.

–Ya, pero, por favor, no empieces con el deber, la obligación, la responsabilidad... Sabes que estas palabras me ponen nervioso...

Ruth no comprendía muy bien la queja del Lobo sobre su forma de hablar, pero entendía su comprensible estado de shock, así que escuchó sus súplicas y motivos por los cuales sería prudente ocultar aquel descubrimiento.

–¡Si se lo dices a Cenicienta –le advertía el Lobo–, descubrirá que ha invertido en aguas alucinógenas! ¿No sería mejor intentar arreglarlo entre nosotros?

–Debe saberlo, es responsable de sus inversiones –contestó ella fríamente.

–A ti no te han enseñado nunca a negociar o hablar de las cosas en otro registro, ¿verdad?

–¿Qué insinúas? –preguntó Ruth.

–Todos tenemos un precio –respondió el Lobo.

–¿Un precio para qué? ¿Para mí? –siguió preguntando ella.

–Puede que nadie haya sabido ofrecerte nada que te interesara hasta ahora. Ése debe de ser el motivo de tu firmeza.

–¿Pretendes comprarme? –preguntó con los ojos abiertos como platos.

–Por supuesto que no –negó tajante el Lobo al ver que su estrategia no funcionaba–. ¡Sólo era una broma!

Ruth no sabía si creerle o no y prefirió olvidar la conversación. Se despidió cordialmente del Lobo, no sin antes recordarle que deberían hablar pronto con Cenicienta y con la Reina.

El Lobo no podía creerse que todo el proyecto se viniera abajo por culpa del balneario.

–¿Qué dirá la Reina cuando se entere? –se preguntaba–. Antes nadie ponía en duda la ética del balneario, y ahora se descubrirá que todo es un gran engaño, y que las aguas no curan, ni dan belleza..., que las aguas drogan a los clientes... ¡Y éstos se vuelven adictos! Que todo es falso, artificial, sin sentido...

Odiaba esa sensación, le resultaba familiar. Le recordaba aquellos días previos a la idea de Little Red Park, cuando su doctor le había recomendado que hiciera más vida diurna que nocturna. Tras mucho dar vueltas por el bosque, sólo se le ocurrió una cosa: reunir a todos los implicados y buscar alguna solución. El Lobo se sentía incapaz de resolver aquello solo. Entonces pensó que compartir la crisis con los demás sería al menos una forma de empezar a avanzar hacia la solución.

Finalmente, decidió personarse en el banco blanco, el Hada's Bank, antes de avisar a nadie. Creyó conveniente hablar primero con Cenicienta. Las empleadas estaban más guapas que nunca. Respiró profundamente tres veces antes de adentrarse en la gran sala. Se encontró de repente frente a la enorme planta verde, bajo el tragaluz, y cerró los ojos. Pensó que no quería contarle la verdad a Cenicienta, pero algo le decía que debía hacerlo. «Espero no equivocarme...», pensaba.

La secretaria le dijo que Cenicienta estaba en una reunión y que quizá tardaría un poco en salir. Le ofreció un asiento en la sala de espera. El Lobo recordaba muy bien aquel espacio. El televisor seguía proyectando los valores del banco a modo de spots... Le sudaban las manos.

Cogió el móvil y llamó a la Reina. No tenía el teléfono operativo, así que le dejó un mensaje en el buzón de voz. Seguramente estaba sin batería, una vez más. Luego pensó en Hansel. Y recordó su móvil. Puede que el de Hansel tuviera mejor batería. Lo llamó y, efectivamente, logró hablar con él. Le contó todo lo sucedido pidiéndole discreción sobre el asunto. Hansel le dijo que casualmente la Reina estaba con él. El Lobo estaba muy nervioso, y no se preguntó por qué estaban juntos. Hansel trataba de calmarlo, pero el móvil no deja de ser un frío aparato con serias limitaciones. La Reina, al enterarse, pasó del estado catatónico a un ataque de histeria en toda regla. Le tocó a Hansel, que ya empezaba a conocer esa faceta suya, soportar su previsible reacción.

El Lobo apagó el teléfono. Inmóvil en la sala de espera del Hada's Bank, recordó con melancolía su primera visión del parque lleno de niñas con caperucitas rojas. No podía permitir que un imprevisto de ese tipo diera al traste con todo el esfuerzo. ¡Little Red Park había nacido para triunfar! Maldecía el día en que le había propuesto a la Reina colaborar en el proyecto. Se dejó caer en la misma silla donde unos meses antes esperaba, ansioso por empezar a hacer realidad su sueño. Por mucho que meditara sólo veía una solución: o el parque o el balneario... Y un balneario de aguas alucinógenas no era un proyecto muy legal. Aunque, bien pensado, ilegalmente sería una mina de oro...

Por fin apareció Cenicienta, sonriente y radiante como siempre. Su expresión fue cambiando a medida que el Lobo le iba explicando, aunque su belleza permanecía intacta:

–Debemos convocar una reunión urgente –propuso Cenicienta–. Hay que hacer algo para no detener el proyecto.

–Pues entonces no nos reunamos –dijo el Lobo de forma contundente.

–Tenemos que hacerlo. Entre todos encontraremos una solución. Veámonos el viernes, así tendremos dos días para pensar en soluciones. ¿Avisarás tú a la Reina? Yo me encargo de Pepito y de la auditora. Con estas situaciones no hay que precipitarse. Lo mejor es encontrar el tiempo para tomar la decisión más correcta.

–Estoy de acuerdo –añadió resignado–. Pensaba proponerte lo mismo, Cenicienta. Creo que tenemos que ser prudentes y no tomar decisiones precipitadas. –El Lobo hablaba como si tratara de autoconvencerse, escuchándose a sí mismo y repitiendo el tono pausado y sereno de Cenicienta.

–Me alegro de que estemos de acuerdo. Es una buena señal.

Esa misma tarde, el Lobo llamó a los asistentes de la reunión del viernes. Empezó telefoneando a Papá Pitufo, ya que como Ombudsman del proyecto no podía faltar. Papá Pitufo aceptó, al fin y al cabo el Lobo era su jefe, y uno no puede rechazar una reunión que convoca el jefe, y menos si eres el Ombudsman. Luego convocó formalmente a la Reina enviándole un mensaje de texto al móvil.

VIERNES TRECE. MEDIODÍA.
SALA DE REUNIÓN 1 DEL HADA'S BANK.

El Lobo llegó al mismo tiempo que Papá Pitufo y Pepito Grillo. La Reina se presentó con Hansel. Nadie se preguntó por qué Hansel y ella llegaron juntos. Ruth ya se encontraba allí. Cenicienta inició la reunión:

–Bienvenidos a la reunión de crisis y gracias por vuestra asistencia y puntualidad. Todos conocemos los motivos de esta reunión de emergencia y todos queremos encontrar una solución, la más beneficiosa o menos perjudicial posible. No sé a qué conclusión llegaremos hoy, pero sugiero que concentremos nuestra energía en buscar alternativas coherentes y razonables que nos permitan continuar con el proyecto. –Cenicienta hablaba despacio, utilizando un vocabulario y un tono muy serios–. Todos estamos de acuerdo en que no podemos retroceder ahora, hay demasiado dinero invertido. Imagino que cada uno de vosotros habrá pensado en algún tipo de solución, propongo que nos escuchemos primero y valoremos, posteriormente, los pros y contras de cada alternativa. De esta forma, todos tendremos oportunidad de opinar libremente.

Cenicienta se sentó, y asumió el papel de moderadora. Parecía haber sido programada para aquellas situaciones. El Lobo fue el primero en lanzarse:

–Creo que podríamos utilizar el palacio como hotel, siempre y cuando no hagamos uso de su agua. Es tan sencillo como emplear allí el agua del parque que no tiene los efectos del meteorito. Así, el proyecto no sale perjudicado y la Reina tampoco, puesto que continúa con su hotel aunque ya no sea balneario.

Los presentes ponían cara de estar bastante de acuerdo con la argumentación del Lobo, que creía que el problema ya estaba resuelto. Sin embargo, la Reina mostró su reticencia:

–Comprendo, Lobo, que quieras matar el problema de raíz, pero no puedo consentir que propongas cerrar el balneario. La clientela que éste aportaría a Little Red Park sería gente adinerada. Agua Divina es un balneario muy conocido en otras aldeas y le daría mucho prestigio a tu parque. Y, desde el punto de vista económico, Hansel opina, y creo que tiene razón, que los ingresos del balneario son anuales, mientras que los del parque serán, muy probablemente, estacionales. Eso significa que el parque necesita al balneario. De hecho ése fue el punto de partida de nuestro contrato, ¿recuerdas?

Los asistentes se mostraron entonces de acuerdo con la Reina, asentían con la cabeza mientras murmuraban entre ellos. Cuando todos miraron de nuevo a la Reina, ésta se levantó de su asiento. De pie, apoyando las manos sobre la mesa y mirando a los ojos de los presentes, concluyó su defensa cual abogada en su tribunal favorito:

–Acepté participar en el proyecto para mejorar la gestión del balneario, no para cerrarlo. No puedo permitir que un negocio que inicié yo misma de la nada se muera en mis manos. Antes prefiero olvidarme del parque. –La Reina se sentó y, encendiendo un cigarrillo, miró al Lobo–. Lamentándolo mucho, querido Lobo, tendrás que construirte un hotel y comprar unas cuantas parcelas de tierra.

–No seas tonta, Reina –respondió el Lobo–, sabes que tendrás que cerrar el balneario igualmente.

Pepito pidió la palabra. Cenicienta le invitó a hablar haciéndole una indicación con los ojos:

–Reina, el agua del balneario, pertenezca o no al parque, es perjudicial para la salud pública. ¿Cómo vas a continuar con ese engaño? –preguntó Pepito.

–No tiene por qué salir de aquí –contestó la Reina.

–Yo desearía no ser cómplice de ningún negocio que tenga ver con alucinógenos –intervino Cenicienta.

–No haber invertido en nuestro proyecto –le contestó la Reina–. ¿Pretendéis que deje un trabajo que me gusta? No pienso permitirlo. Tengo contactos muy influyentes. Y no me refiero a mis amigas brujas, sino a gente importante y poderosa que me ayudarán porque me deben favores. Si no lo queréis arreglar por las buenas, me obligaréis a hacerlo por las malas.

La discusión no avanzaba. El tono amenazante de la Reina tampoco ayudaba. Cenicienta recordó entonces que había recibido un CD que les podría servir de ayuda, o al menos como distracción para calmar los ánimos y así evitar que la reunión acabara en nada:

–Tengo un CD multimedia que sirve como asistente para la toma de decisiones en la empresa. Lo regalaban con una prestigiosa publicación de ética empresarial. Es un resumen de los pasos a seguir elaborado por una consultora de ética. Sirve para cuando hay que decidir algo importante. Si queréis podríamos verlo. Igual ahí encontramos una solución conveniente para todos. ¿Qué os parece?

–Si crees que eso nos va ayudar, adelante –respondió el Lobo.

–Me parece bien –añadió la Reina.

–Puede ser interesante –opinó Pepito–, aunque está

claro que el CD es publicidad para esa consultora. No estoy muy seguro de que nos vaya a ayudar, pero veámoslo.

–¿Hay café? –preguntó Ruth–. Yo tomo mejores decisiones después de un buen café.

–Tengo curiosidad por ver cómo funciona un asistente multimedia –confesó Papá Pitufo.

–Y yo no tengo nada mejor que hacer –intervino Hansel–. Todo sea por encontrar una solución.

–Hansel, agradezco que me hayas acompañado en estos momentos difíciles de mi vida –dijo la Reina–, pero me gustaría saber qué interés tienes tú en que funcione el proyecto. Pensaba que sólo venías de oyente.

–Veréis –respondió Hansel–, creo que Lacasitagolosa podría ser el espónsor que sin duda necesitáis. Vuestro público objetivo o *target*, como queráis llamarlo, coincide plenamente con mis consumidores. Sinceramente, veo posibilidades de una colaboración fructífera para ambas partes. Mi empresa conseguiría una buena publicidad y vosotros obtendríais una financiación extraordinaria que tras los últimos acontecimientos sé que agradeceréis.

–Hay que ver la jerga que se gasta el empresario –dijo el Lobo–. ¿Podríamos aceptar su participación, Cenicienta?

–Habrá que analizarlo –respondió ésta– y comprobar que cumple los requisitos mínimos para la auditoría ética.

Cenicienta conectó su PC portátil a un cañón que proyectaba la imagen al fondo de la sala. Ejecutó el programa y pronto llegaron a la primera pantalla.

> ¿Quiere tomar una decisión empresarial y ética?
> ¿Cree que es posible?
> ¿Qué es una decisión ética?

–Sáltate la introducción y vayamos al grano –dijo el Lobo.

–Yo quiero saber lo que es una decisión ética –intervino la Reina.

–Vamos a verlo, tampoco creo que nos tome mucho tiempo –sugirió Cenicienta.

Voz en off: «Una decisión ética y empresarial tiene en cuenta una serie de principios éticos, empresariales y ético-empresariales».

–Se ha repetido, ¿no? –preguntó el Lobo.

–Cállate –le ordenó la Reina.

Voz en off: «Para resolver conflictos, proponemos partir de una ética de mínimos, es decir, buscamos una solución que garantice unos mínimos deseables desde el punto de vista tanto ético como empresarial».

En la pantalla apareció el siguiente gráfico:

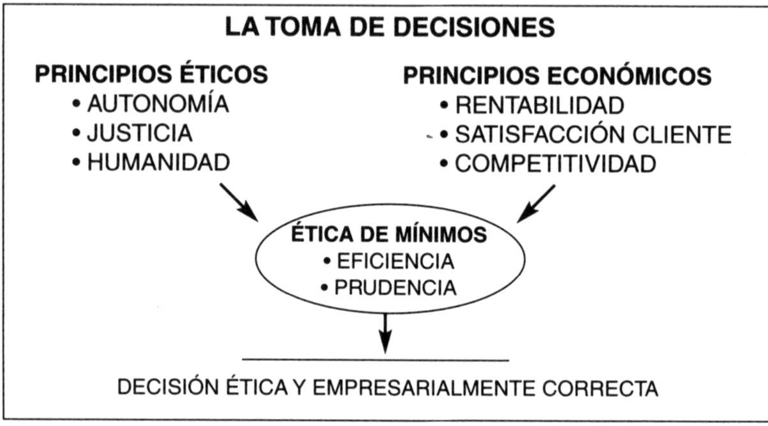

–¿Dónde queréis que clique ahora? –preguntó Cenicienta.

–¿No me digas que se puede entrar en cada punto? –preguntó el Lobo llevándose la mano a la frente, desesperado.

–Yo creo que más o menos ya lo tenemos todo claro –añadió Pepito.

–Yo tengo una duda en el principio de Humanidad... –intervino la Reina.

–No me extraña, querida –dijo el Lobo–, aunque no te lo tomes mal. ¿Quién no tiene dudas acerca de la humanidad?

–Se refiere a la voluntad de ser bueno y no ser malo –contestó Papá Pitufo.

–Por favor, esto me recuerda mi catequesis –se quejó la Reina.

–Oye, un respeto a los creyentes –respondió Hansel ofendido.

–¿Seguimos entonces? –preguntó Cenicienta.

–Por mí, sí –respondió el Lobo.

Cenicienta continuó navegando en el multimedia hasta que dio con la lista de pasos a seguir para la toma de decisiones:

Los 9 pasos a seguir en el proceso de la toma de decisiones

–¡Dios mío, nueve pasos! –exclamó la Reina–. Esto nos va llevar muy lejos, lo intuyo.

–Más que lejos, nos va a llevar tiempo –añadió el Lobo.

–En realidad todo es relativo –opinó Pepito–. Yo con nueve pasos no voy a ningún lado.

–Claro, porque nueve tuyos equivalen a uno mío –se burló el Lobo.

Pepito y el Lobo se rieron a carcajadas... Les pareció muy ocurrente haber interrumpido la reunión con su toque de humor.

–Sesenta euros a que no llegamos al final de los nueve –apostó el Lobo.

–Los veo –contestó Hansel.

Cenicienta sonrió, a ella también le parecía bueno un poco de humor para descargar la tensión del ambiente.

–Éste es el primer paso –dijo Cenicienta picando sobre el uno.

1. IDENTIFICACIÓN DEL TIPO DE PROBLEMA
• ¿Por qué es un problema? • ¿Es relevante para la empresa? • ¿Para quién? • ¿Es un problema ético? • ¿Es económico?

–¿Contestamos ya? –preguntó la Reina.

–Sí, ¿no? Hagámoslo sobre la marcha –sugirió el Lobo.

–De acuerdo –asintió Cenicienta–. Definamos entonces el problema.

–Eso es fácil –contestó la Reina–. El problema no existe porque el balneario lleva años abierto al público y no creo que ese efecto alucinógeno, en el caso de que eso sea cierto, perjudique a los clientes. Los años del balneario son una muestra de que no hay riesgos para la salud pública.

–¿Podríamos pedir un segundo análisis? –preguntó Hansel.

–Ya lo hice –respondió Ruth–. Y el segundo corrobora los resultados del primero.

–¿Cómo se hace el test detector de contenido alucinógeno? –preguntó el Lobo sonriendo–. ¿Quién lo hace? ¿Pagan bien?

De nuevo el Lobo provocó las carcajadas de Pepito y de Hansel.

–¡Eso! No me fío de los tests –se quejó la Reina.

–¿Podríamos probarlo nosotros? –preguntó Hansel–. Al fin y al cabo, por los años que lleva el balneario abierto, los efectos secundarios deben de ser mínimos. ¿A alguien se le ocurre un análisis más fiable que ver las consecuencias sobre nosotros mismos?

–Esto se parece en algo –intervino Papá Pitufo– a la historia de un antiguo amigo mío, el doctor Jack Imister Jaid, si mal no recuerdo.

–El problema –continuó Pepito– no sólo es que las aguas tengan efecto alucinógeno, lo que implica engañar al público haciéndole creer que adelgaza...

–¡Pero es que la gente realmente adelgaza en mi balneario! –interrumpió la Reina.

–... el problema –continuó Pepito– es que además da positivo en el test de toxicidad.

–Si la gente adelgaza –añadió el Lobo–, será por el resto de actividades que ofrecéis, las dietas, los ejercicios...

–La toxicidad... –continuó Pepito– es un problema porque...

–Pero adelgazan –interrumpió de nuevo la Reina–, y para eso vienen y duermen en el balneario.

–Adelgazan con agua tóxica –explicaba en vano Pepito, que no lograba hacerse escuchar.

–Quizás adelgazan sólo porque creen que van a adelgazar –añadió Papá Pitufo–. A veces todo es psicológico.

–¡QUE DIGO QUE DA POSITIVO EL TEST DE TOXICIDAD! –gritó Pepito.

Se hizo un silencio. Todos se miraron y luego miraron a Pepito. Les pareció extraño su comportamiento, ya que solía ser muy educado.

–¿Te encuentras bien, Pepito? –preguntó Cenicienta–. ¿Queréis que hagamos una pausa?

–Sí, me encuentro bien. Sigamos, por favor –contestó Pepito confuso–. Lo siento pero es que he dormido muy poco esta noche. El niño, ya sabéis que los que somos padres no siempre podemos dormir…

–Centrémonos en la definición del problema, por favor –rogó Cenicienta.

–Está claro que el test de toxicidad es un problema –continuó el Lobo–. Pepito tiene razón. Y es relevante para el futuro de Little Red Park. No sólo porque tenemos un compromiso ético con el Hada's Bank, sino también porque estaríamos engañando al público, y eso se podría volver contra nosotros.

–Estoy de acuerdo –añadió Ruth.

–Debemos reconocer que es un riesgo –afirmó el Lobo–. Imaginad que algún día sale publicado en prensa. ¿Qué pasaría con nuestras acciones?

–Eso sí que es importante –continuó Hansel–. Hay que cuidar muy bien a la prensa. Precisamente os podría presentar a un par de periodistas muy comprensivos que alguna vez me han ayudado a solucionar problemas de este tipo. Creo que hay asuntos que nunca deberían llegar a oídos del consumidor.

–Discrepo –respondió Ruth.

–Por favor, centrémonos en la definición del problema –intervino Cenicienta–. Ya retomaremos este inciso más adelante.

–Está claro que es un problema para todos los presentes –intervino Pepito, que ya se había calmado–: Es un problema para Ruth, por no haberlo detectado a tiempo. Para Cenicienta, por haber financiado un proyecto basado en los efectos alucinógenos del agua. También es un problema para el Lobo y para la Reina, porque si no pasáis la auditoría os quedáis sin financiación. Y, finalmente, podría ser un problema para Hansel, porque invertiría en un proyecto cuya imagen podría perjudicar el buen nombre de su compañía. Y, además, no hay marcha atrás, puesto que no podemos hacer como si no supiéramos nada de todo este asunto. Por muy buenas relaciones que tengamos con la prensa, nada compensa el efecto tóxico de las aguas sobre la salud de los individuos.

El resumen de Pepito ayudó a definir el problema, aunque para algunos la situación no era tan «grave». Y, lógicamente, quien menos aceptaba la existencia y dimensión del problema era la más afectada, en todos los sentidos:

–Esto no es un problema, esto es mi peor pesadilla –se desesperó la Reina–. Tengo ganas de tomar un trago de Agua Divina por muy tóxica que sea, aunque yo ya debo de estar inmunizada.

–Así no solucionarás nada –le contestó Pepito–. Eso es no querer ver la realidad tal como es, ¿no crees?

–Si os parece –interrumpió Cenicienta–, podríamos seguir con el cuestionario, ¿de acuerdo?

Aunque nadie reaccionó a sus palabras con mucho entusiasmo, Cenicienta continuó. Pensó que, aunque el asistente multimedia no fuera ninguna maravilla, le permitía controlar la reunión, puesto que la ayudaba a marcar un orden. Así lograba que nadie se dispersara y que todos se centraran en resolver el problema.

2. ANÁLISIS

- Conflictos
- Causas
- Circunstancias
- Afectados

–Pues es lo que estaba diciendo –apuntó Pepito–. Toxicidad.

–Las causas son ajenas a nuestra voluntad, sencillamente no sabíamos que el meteorito tenía esas propiedades –añadió la Reina–. Por eso no es culpa nuestra.

–Entonces, ¿no somos culpables? –preguntó el Lobo.

–Culpables no, pero responsables sí –contestó Pepito.

Cenicienta intervino para hacer la aclaración: ser culpable implica una intencionalidad, mientras que ser responsable es asumir que el problema está directamente relacionado con las competencias de uno, aunque no haya tenido nada que ver. No se extendió más y prosiguió intentando dar un poco más de garbo a la reunión:

–El conflicto es obvio y las causas también –resumió Cenicienta–. ¿Qué hay de las circunstancias?

–Little Red Park contaba con el balneario –expuso la Reina.

–Y el balneario necesita Little Red Park –dijo el Lobo.

–Entonces –añadió Cenicienta– está claro que hay que encontrar una solución.

–Sí, todos somos afectados ¿no? –intervino la Reina–. ¿Desde la compañía hasta los clientes?

–Sí, creo que todos estamos implicados, todos los *stakeholders* –añadió Hansel con su habitual jerga empresarial y hablando como si estuviera ya totalmente integrado en el proyecto.

–Sigamos –ordenó Cenicienta deseosa de pasar a las siguientes diapositivas.

3. PROPUESTA DE DECISIÓN
• Tesis
• ¿Se respetan los principios éticos?

–Estoy yo para tesis –dijo el Lobo–. ¿No podríamos ser un poco más prácticos y dejarnos de procesos y formalidades?

–Se trata de proponer una solución viable desde un punto de vista ético –aclaró Cenicienta.

–¡Es que incluso hablas igual que el multimedia! –exclamó el Lobo.

–Sugiero una posibilidad –pitufó Papá Pitufo–. Es algo osada por su aspecto terriblemente esotérico, aunque, dadas las circunstancias, concibo mi aportación como digna de ser escuchada con atención.

–¡Otro a quien le da por hablar raro! –se burló el Lobo.

–Mientras no nos hables de pociones mágicas... –añadió Pepito.

–Precisamente, un viejo amigo mío que vive en una aldea asediada por unos italianos podría ayudarnos con su sabiduría en alquimia. Puede que conozca algún tipo de antídoto antiacidez.

–¿Acaso tiene problemas estomacales? –preguntó la Reina.

–Me refiero al ácido alucinógeno que genera el meteorito –repitufó Papá Pitufo–. Imagino que, arreglando eso, se pasaría el test de toxicidad.

Papá Pitufo acababa de exponer la solución con tanta naturalidad que los demás se quedaron mudos. Les pareció una excelente idea y todos veían raro que fuera tan fácil dar con la salida. El Lobo pensó que tenía el mejor Ombudsman del mundo.

–Esta sugerencia –intervino Cenicienta– podría respetar los principios de autonomía, justicia y humanidad puesto que ataca a la raíz del problema. En principio creo que podríamos pasar al siguiente punto. Si es que no hay más propuestas.

–¿En serio? –preguntó el Lobo–. ¿Tanta parafernalia para ni siquiera discutir más alternativa que la ocurrencia de solicitar la ayuda de un brujo-druida-alquimista engañabobos?

–Un respeto por el mundo esotérico –se quejó Papá Pitufo–. Ten cuidado si no sabes de qué hablas. Además, se trata de un viejo amigo a quien respeto mucho.

–Lo siento, Papá Pitufo –se disculpó el Lobo–, sólo

trato de ver si hay alguna otra alternativa menos atrevida, desde el punto de vista estrictamente racional-científico-práctico. –El Lobo se esforzó en encontrar palabras no ofensivas.

–Precisamente –intervino Cenicienta– el siguiente punto trata de las alternativas:

> 4. CONSIDERACIÓN DE SOLUCIONES ALTERNATIVAS
>
> • Antítesis (objeciones a la tesis)
>
> • Consecuencias negativas

–¿Y cuánto nos podría cobrar por venir hasta nuestra aldea y desarrollar un antídoto? –preguntó el Lobo.

–No puedo saberlo hasta que no hable con él –pitufó Papá Pitufo–. Y sólo intentarlo ya tiene un coste, puesto que el avión hasta su aldea vale lo suyo.

–¿Y no hay otra forma de ponerse en contacto con él? –preguntó la Reina–. ¿Teléfono, fax, Internet?

–Vive en una construcción de madera montada sobre un árbol –pitufó Papá Pitufo– y sin ningún tipo de tecnología actual: ni luz ni gas ni agua. Está en perfecta sintonía con la naturaleza.

–¡Está colgado! –exclamó el Lobo.

–De un árbol, sí –repitufó Papá Pitufo con su particular naturalidad.

–Entonces corremos el riesgo de hacer el viaje en vano –observó Cenicienta.

–Es un riesgo que deberíamos considerar –planteó Pepito.

–¿Qué hay de las consecuencias? –preguntó Hansel.

–Yo no me acabo de creer lo del efecto alucinógeno –respondió la Reina.

–¡Probémosla entonces! –añadió Hansel.

–Ahora veremos las consecuencias de las propuestas de solución del problema –aclaró Cenicienta, que pasó a la siguiente diapositiva sin esperar ninguna respuesta:

> 5. DECISIÓN SOBRE UNA SOLUCIÓN
>
> - Síntesis (respuestas a las objeciones)
> - ¿Se respeta el principio de Eficiencia?

–Vamos hasta el meteorito y probamos el agua –sugirió el Lobo–. Si tiene efectos alucinógenos, entonces nos vamos a buscar al... viejo amigo de Papá Pitufo.

–No sabemos qué nos puede costar eso –respondió Cenicienta.

–Yo asumo los costes del viaje –se ofreció Hansel–. Si el brujo encuentra una pócima, consideraré la posibilidad de colaborar con el proyecto comprando parte de las acciones.

–¿Alguien tiene algo más que añadir? –preguntó Cenicienta.

–¿Qué ocurre si no hay pócima que solucione esto? –preguntó la Reina.

–Que nos reuniremos de nuevo –contestó el Lobo–. Ya le he cogido el gusto a esto de reunirnos.

–No sé si esto respeta el principio de Eficiencia –opinó Ruth.

–Lo ineficaz sería no intentarlo –contestó el Lobo.

–¿Cómo? –preguntó Ruth–. No es lo mismo eficiencia que eficacia…

–Que la eficiencia es muy relativa, Ruth –respondió el Lobo sin dejarla terminar.

Cenicienta siguió con el programa:

6. PLANIFICACIÓN DE LA ACCIÓN

- Seguir el principio de Prudencia

–¿El principio de Prudencia? –preguntó el Lobo–. ¿Qué significa eso?

–Creo que lo más prudente –intervino la Reina– sería ir a probar el agua de noche, así nadie nos verá. Os invito a cenar y luego nos acercamos, ¿vale?

7. PUESTA EN PRÁCTICA

- Timings
- Next steps

–¿Qué es *next steps*? –preguntó la Reina, que no recordaba estas palabras de las aprendidas con su amiga marketiniana.

–Próximos pasos –respondió Hansel automáticamente.

–Pues ya sólo quedan el ocho y el nueve, ¿no? –contestó la Reina.

–Se refiere a cómo vamos a llevar a cabo lo planeado –aclaró Hansel.

–Ah, pues entonces os espero a las nueve en casa –dijo la Reina–. Traeros bañador y así nos metemos en la piscina de burbujas. Veréis cómo lo alucinante no es el agua sino todo el balneario en sí.

8. EVALUACIÓN DE RESULTADOS

- ¿Ha ido como se esperaba?
- ¿Algún imprevisto relevante?

–Esto no lo podremos responder hasta después, cuando veamos las consecuencias –opinó Cenicienta.

–Pues con el noveno será por el estilo –añadió el Lobo, feliz porque ya terminaban los nueve pasos.

9. RECOPILACIÓN DE LOS DATOS Y RESULTADOS

- Aprendizajes de la experiencia

–Pues de momento lo dejamos aquí –concluyó Cenicienta–. Habrá que tomar nota de la experiencia. ¿Alguien tiene una cámara de vídeo?

–Yo –respondió Pepito–. Ya la llevaré.

–Me alegro de que hayamos llegado a una solución y a un plan de acción. A ver qué pasa ahora. Gracias por vuestra asistencia. Gracias por las aportaciones y por la paciencia. Nos vemos en el palacio.

Se despidieron, felices con la invitación de la Reina. Algunos se fueron pensando qué bañador se iban a poner mientras que algunas se preguntaban si les tocaba o no depilarse.

¿Se atreverán todos a experimentar los efectos del meteorito? ¿Es ésa realmente una solución ética? ¿Será cierta la teoría de Ruth sobre las propiedades del Agua Divina? ¿Ocurrirá algo entre Hansel y la Reina en la piscina de burbujas? Y Pepito, ¿se dormirá en los baños de vapor?

MORALEJA 7

- Falacia naturalista: que algo sea así no significa que deba ser así.
- La esclavitud es un buen ejemplo de algo que fue y que nunca debió ser.
- Reunir (si es viable) a los afectados por una decisión ayuda a que la que se tome sea justa.
- Un proceso de decisión correcto debe tener en cuenta, como mínimo, los nueve pasos descritos:
    1. Identificación del tipo de problema
    2. Análisis
    3. Propuesta de decisión
    4. Consideración de soluciones alternativas
    5. Decisión sobre una solución
    6. Planificación de la acción
    7. Puesta en práctica
    8. Evaluación de resultados
    9. Recopilación de los datos y resultados
- Una decisión empresarial es ética cuando respeta los criterios:
    1. Éticos: Autonomía, Justicia, Humanidad (no maleficencia, beneficencia).
    2. Económicos: Rentabilidad, Satisfacción del Cliente (calidad), Competitividad.
    3. Ético-económicos: Eficiencia, Prudencia.
- El proceso de los nueve pasos ayuda a tomar decisiones empresariales éticas.

8

¿SE HACEN REALIDAD LOS CUENTOS DE HADAS?

FUTURO DE LA ÉTICA EN LA EMPRESA Y LIMITACIONES

Nadie percibe una vibración en el otro sin experimentarla en sí mismo.

HERMANN HESSE

Todos llegaron al balneario tal como estaba previsto. La Reina los estaba esperando en albornoz. Preguntó si alguien quería cambiarse y aprovechó entonces para mostrarles, no sólo el vestuario, sino todas las instalaciones del balneario. Las habitaciones eran dignas de un hotel de cinco estrellas, pero, sin duda, lo más espectacular eran las piscinas de agua caliente con chorros y cascadas de agua. La piscina mayor estaba bajo una cúpula transparente, lo que permitía ver el hermoso paisaje del bosque, entre el balneario y la aldea. Una vez realizada la ronda por el balneario, llegaron al meteorito del jardín. La Reina les explicó que, normalmente, los clientes no bebían de aquella agua directamente. Insistía en que, con toda seguridad, el efecto tóxico era inofensivo en la piel. Trató de convencerlos durante todo el recorrido.

–Mantengamos el balneario abierto –proponía la Reina–, sólo deberíamos advertir a los clientes de que no beban el agua.

–Creo que no va a ser tan sencillo –respondió Cenicienta.

–Si fuera sencillo no tendría gracia –añadió Hansel.

–Puede que sea legal –añadió Ruth–, pero no sé si el riesgo que supone dejar que la gente tienda a la adicción es ético.

–¡Pues entonces no fumes! –le dijo Pepito–. Y prohíbe la venta del tabaco. Los cigarrillos son una mezcla de sustancias adictivas... y, sin embargo, se venden.

–Bueno, mientras sea legal –opinó el Lobo–, ¿qué más da?

–Me parece, Lobo –intervino Cenicienta–, que sigues sin comprender absolutamente nada de la ética...

–Incumplir la ley no es ético –explicaba el Lobo–, mientras que cumplirla es lo correcto. ¿O no?

–Verás, Lobo –contestó Cenicienta–, hay cosas que la ley tarda demasiado en reflejar. La sociedad, la ciencia y las costumbres cambian mucho más deprisa que la ley. La ética no espera a que las cosas estén escritas. Me sorprende que Pepito no os lo haya contado. Es una de las ventajas de la gestión ética: anticiparse al cambio.

–No sé si te sigo –dijo el Lobo–, ni si me interesa, francamente. Sólo he venido a bañarme. ¡Dadme un respiro con la ética, por favor!

–Imagínate –prosiguió Ruth sin hacerle caso– que hoy por hoy es legal dejar el balneario abierto, tomando la única medida de advertir a los clientes sobre la toxicidad del agua si la beben. Pero hay quien cree que no es ético dejar que los clientes se arriesguen a ser intoxicados, quizás algún día esa prevención se convierta en ley.

–Bueno, para entonces ya habrán pasado unos años –respondió el Lobo–, y el parque será más famoso que el balneario. De eso se trata.

–Ésta es la cuestión, mi querido amigo –intervino Hansel–. La ética poco aporta en el corto plazo, yo le veo el sentido cuando se puede pensar en el largo plazo. Y eso ocurre muy pocas veces en un mercado donde el ritmo lo marca la Bolsa de valores.

–No estoy de acuerdo –replicó Ruth–. La ética no sólo es para el largo plazo, tener la suerte de trabajar con jefes concienciados respecto a la necesidad de fomentar unos valores éticos permite un entorno de trabajo muy motivador cada día, es decir, en el presente, en el corto plazo.

–Y en la Bolsa –añadió Cenicienta–, cada vez se valora más el tener políticas transparentes y que demuestren un alto compromiso con la ética. Se busca evitar escándalos que en el fondo perjudican a todo el mercado, no sólo a las empresas involucradas.

–¿Nos bañamos? –preguntó Papá Pitufo envuelto en su toalla y sonriente.

Estaban todos frente a la cascada del meteorito. El agua estaba fría, puesto que era el mes de junio, y allí no hacía calor hasta julio. Entonces, la Reina sugirió la posibilidad de bañarse en las piscinas de agua caliente, ya que era la misma agua.

–Bueno, podemos echar un trago de ésta –sugirió el Lobo– y luego meternos en el jacuzzi.

–Buena idea –respondió Hansel–. ¿Dónde están los vasos?

–¿Para qué probar el agua del balneario si no está pensada para beber, sino para bañarse? –insistió la Reina–. ¿Acaso beberíais agua caliente de un jacuzzi?

–¿Y por qué no? –respondió el Lobo.

–¡*Carpe noctem!* –añadió Hansel.

Pepito miraba la escena desde cierta distancia. Tenía miedo del meteorito y, ahora que era padre, no quería cometer imprudencias. Pensó que, en el fondo, todos habían aprovechado la situación para probar las instalaciones del balneario y se cuestionaba hasta qué punto eso era ético. Claro que la Reina lo había provocado. Probablemente pensaba que si les dejaba disfrutar del balneario, se volverían más permisivos. Quizá lograra convencerlos para dejar las cosas tal como estaban.

El Lobo se llenó las manos de agua y empezó a beber, luego se miró al espejo que había al lado de la cascada (en el palacio de los espejos los había incluso en los jardines) y de pronto se vio rodeado de niñas con caperucita roja. Cuando miraba a su lado, la imagen se desvanecía. El efecto sólo funcionaba en el espejo. «¿Será problema del espejo?, se preguntaba el Lobo». Comprobó que no lo era cuando bajó la mirada a su cintura y encontró un estilizado cuerpo musculoso en lugar de sus habituales michelines.

–¿Qué, cómo te sientes? –le preguntó Cenicienta.

–Bueno, normal… –dijo él.

–¿Notas algo raro? –le preguntó la Reina.

–Pues la verdad es que no –mintió él–. Me veo tan guapo como siempre.

–Igual no afecta por igual a todo el mundo –intervino Hansel.

–Pruébala tú –le ordenó la Reina a Hansel.

–Está bien, no me asusta –contestó él desafiante.

Hansel bebió con los ojos cerrados. Los abrió y se miró. De repente era delgado y esbelto. Le encantaba la sensación. Tanto Hansel como el Lobo tenían una sonrisa inmensa en los labios. Desprendían una felicidad muy serena y contagiosa.

Sin previo aviso, Pepito empezó a correr directo hacia el agua y se tiró de cabeza. Había un pequeño espacio para nadar que Pepito aprovechó para hacer un poquito de crol. Los demás se quedaron mirándole. Una vez más, Pepito marcaba la diferencia. Le siguió Ruth, como hipnotizada por el gesto de Pepito. Se tiró al agua y nadó junto a él.

–¿Os afecta el alucinógeno? –preguntó entonces Cenicienta sorprendida por la reacción de ambos.

–A mí en absoluto –respondió Ruth.

–Ni a mí –dijo Pepito mientras se dirigía hacia el espejo lentamente.

Tenía miedo de ver quién quería ser realmente. Se situó frente al espejo, se miró y se vio diminuto, mucho más bajo de lo que ya era. Con cara de insecto y ojos grandes. Piel verde. Alas traseras. Se asustó y dio unos pasos hacia atrás para desaparecer del espejo.

–¡Soy un bicho raro! –exclamó–. ¿Seguro que es así como deseo verme?

–Puede que te guste ser diferente –respondió el Lobo.

Ruth se acercó también al espejo, y se miró en él temerosa. Vio a una atractiva mujer de larga melena rubia. Tenía unos pechos muy exuberantes y realmente podía ser el icono de más de un adolescente de los que empapelan la pared de su habitación con fotos de chicas guapas.

–¿Qué ves? –preguntó la Reina.

–Nada –respondió Ruth.

–¿No lo vas a compartir? –preguntó el Lobo.

–Es privado, ¿por qué debería hacerlo? –preguntó Ruth a su vez.

No lograron que hablara.

–¿Por qué os habéis tirado al agua tan de repente? –preguntó la Reina–. ¿No tenéis frío?

–Un poco, pero es que he tenido un impulso –se justificó Pepito–. A veces, para conocer lo incorrecto hay que haber estado allí, probar las consecuencias de lo malo... Es una forma de valorar lo bueno.

–Ya –contestó Cenicienta–, pero también es una forma de arriesgar la credibilidad de uno. Y la honestidad es un valor muy frágil: si se rompe, puede ser irreversible. Uno no puede andar probando-probando como si se tratara de un ensayo o un juego...

–Entonces, ¿cómo podrás comprender a los que no actúan como tú? –le preguntó Pepito–. ¿Cómo comprender a un adicto a la belleza sin haber sentido nunca la necesidad de ser bello?

Todos intentaron convencer a Cenicienta para que se decidiera a probar el agua. Hasta que por fin cedió y se dejó llevar por su instinto o por su debilidad, no lo tenía muy claro. Bebió, se miró al espejo, y vio a una joven envuelta en un vestido de gala y cogida de la mano de un príncipe guapísimo.

–¿Soy una princesa enamorada? –se preguntó.

–Nosotros no te podemos ver como tú te ves –le respondió Pepito.

–Entonces, ¿de qué me sirve verme como una princesa enamorada? –preguntó ella.

–Imagino que para sentirte bien –respondió la Reina.

–Pero..., ¡un momento! –gritó Cenicienta–. Mi vestido se está transformando en viejos harapos. ¡Y el príncipe ha desaparecido! Estoy despeinada y me falta un zapato. ¿Qué querrá decir todo esto?

–Puede que sean las dos partes de ti –se atrevió a decir Papá Pitufo–, la romántica princesa soñadora y la *curranta* desgraciada que sueña con cambiar el mundo algún día.

La Reina los miraba divertida, hasta que anunció que ella también iba a beber.

–¿Y nos confesarás lo que ves? –preguntó Cenicienta.

–Por supuesto –respondió ella.

Tras beber se miró al espejo. Reflejaba la imagen de una hermosa jovencita mucho más guapa que ella. De hecho se parecía mucho a Blancanieves, una amiga de La Bella Durmiente, sobrina de la Reina.

–¿Quién es esa chica? –preguntó la Reina–. ¡Qué señorita más linda!

Ruth pensó que esas palabras le recordaban a algo.

–Esa chica es la joven eterna que te gustaría ser –respondió Pepito–. Es la chica que buscas desesperadamente, desde que eras joven.

–¡Es cierto que llevo mal lo de la edad, pero tampoco pretendo ser eterna! –añadió la Reina–. Me conformo con ser bella hasta el día en que me muera.

–Para eso ya deberías ser bella ahora –se burló el Lobo.

La Reina propuso ir a los jacuzzis, ya que empezaba a hacer frío. Entonces se dieron cuenta de que Papá Pitufo había desaparecido. Hacía un rato que no estaba junto al meteorito. Todos empezaron a buscarle en vano, hasta que por fin apareció acompañado de un viejo druida.

–Qué casualidad, ¿verdad? –les dijo Papá Pitufo–. ¡Mirad quién ha aparecido como por arte de magia!

–Siempre aparezco en el momento oportuno, pero yo no lo llamaría magia –añadió el Druida–. Es un don que heredé de mis antepasados.

Todos se quedaron sorprendidos con la súbita aparición.

–Querido Druida –le dijo el Lobo–, ¿crees que podrías ayudarnos? No sabemos cómo resolver el entuerto del agua tóxica.

–Por supuesto que puedo –respondió él–. Papá Pitufo me ha explicado las circunstancias que rodean a este pobre meteorito. Os confieso que soy un estudioso fanático de los meteoritos y creo que por eso mi instinto me decía que me dejara caer por vuestra aldea. Ahora ya sé el motivo. Os ayudaré. Y lo haré encantado, sin pedir nada a cambio. Sólo con poder estudiar a fondo el meteorito mágico, tengo más que suficiente.

–¿Y elaborarás una de tus pociones mágicas? –le preguntó la Reina.

–Claro, pero para eso deberé analizar el meteorito y sus propiedades alucinógenas.

–¡Entonces deberías probar sus efectos! –le dijo el Lobo, que todavía mantenía su plácida sonrisa en los labios.

–Sois muy amables al invitarme a semejante cata –respondió educadamente el Druida–, pero no preciso probarlo para analizar el contenido de la sustancia, me bastará con llevarme una muestra de agua.

Papá Pitufo le dejó al Druida una habitación libre en su casa para que pudiera trabajar tranquilo. Éste acabó convirtiendo el baño en improvisado laboratorio. Encontró el antídoto tras unos cuantos días con sus largas noches prácticamente sin comer y sin dormir. Con unas pocas gotas de poción lograría desactivar la toxicidad de las aguas y su efecto alucinógeno. El Druida efectuó las pruebas en el balneario y el experimento funcionó.

A la Reina no le hizo ninguna gracia, puesto que temía

que los clientes no aceptaran la nueva agua. Ya no se verían guapos. La Reina le dijo al Druida que lo que buscaban sus clientes eran momentos de felicidad. Y una persona que quiere verse esbelta se siente feliz al quitarse esos kilitos de más. ¿Qué mal había en eso? ¿Por qué privar a la gente de un poco de ilusión?

Entonces, el Druida, a quien le encantaba descubrir fórmulas nuevas, propuso a la Reina crear una sal especial para utilizar en las comidas, una sal con propiedades adelgazantes. Elaborar esa sal era relativamente sencillo y barato. Lo podía hacer la misma Reina, y a ella le pareció una buena idea.

El día de la inauguración del parque llegó. Todos estaban contentos de ver que al final todo se había solucionado. En la aldea se repartieron miles de descuentos para asistir a la fiesta inaugural:

Little Red Park

ABRE LAS PUERTAS AL MUNDO

El parque temático donde los cuentos de hadas se hacen realidad te invita a su fiesta inaugural el próximo:

Sábado 18 de junio

Si muestras esta invitación obtendrás

50 % de descuento en cada entrada

Entrada gratuita para menores de 10 años

Estaban todos vestidos con sus mejores trajes: Pepito, Ruth, Cenicienta, Hansel, Papá Pitufo, el Druida, el Lobo y la Reina. Todos ansiosos por ver cómo los aldeanos entraban en contacto por primera vez con aquel mundo de fantasía. El alcalde invitó al príncipe de Guirimaldi a cortar la cinta inaugural. Las casetas de helado regalaban no sólo los típicos helados sino polos, granizados, batidos, *goffres* y algodones de azúcar.

El Druida llevó el antídoto y las sales adelgazantes a la fiesta, tal como le había pedido la Reina, que planeaba utilizar esa sal tan especial para aliñar las ensaladas del cóctel inaugural. Ocurrió que el Druida, cual sabio despistado, se dejó olvidadas sobre una mesa de la sala del banquete la sal y la poción, y la Reina, por error, utilizó ambos ingredientes para hacer la salsa vinagreta. Una salsa que siempre quería hacer ella personalmente, incluso en aquella ocasión, a pesar de disponer de un servicio de *catering* para el banquete. La Reina reconoció el bote de sal del Druida y la echó a la vinagreta, pero confundió el otro envase con una botella de aceite. ¿Cómo iba a saber que el Druida, además de la sal, también había llevado la poción-antídoto? Echó la poción a la salsa, que tomó un atractivo color rosado. A la Reina le pareció extraño, pero no le dio importancia, porque le daba un aspecto muy apetitoso a la salsa.

Mientras, el Druida y Papá Pitufo hablaban junto al meteorito.

–Me preocupa una cosa –dijo el Druida.

–¿Qué es? –preguntó Papá Pitufo–. Hoy es un día de celebración, ¿qué perturba tu mente?

–Ayer probé las consecuencias de mezclar el antídoto con las sales –explicó él–. Fue por accidente, sabes que no soy como nuestro viejo amigo el doctor Jack Imister Jaid.

–Lo sé. Por cierto, ¿qué fue de él? –preguntó Papá Pitufo–. El otro día me acordaba de sus rarezas.

–No lo sé, le perdí la pista –respondió el Druida.

–¿Cómo pudiste probar la mezcla por accidente? –preguntó entonces Papá Pitufo.

–Dejé la sal y la poción donde los demás potingues, en el baño. Sabes que en tu casa no hay mucho espacio para montar un laboratorio como es debido, y menos en un baño. Cuando por la mañana fui a ponerme colonia, cogí en su lugar la poción y me la puse en la axila. Me picó terriblemente. Entonces cogí los polvos de talco, pero los confundí con la sal... Así que, en vez de calmarme, me lo irritó todavía más. Lo que no podía imaginar es que tuviera una reacción tan extraña.

Entonces el Druida levantó los brazos y Papá Pitufo se quedó boquiabierto.

–¿No hay forma de solucionarlo? –preguntó asustado Papá Pitufo.

–Me temo que me va a costar un poco, pero imagino que encontraré una solución.

–No comprendo esta reacción en tu axila –pitufó Papá Pitufo.

–Es muy sencillo –le explicó el Druida–. El antídoto es una sustancia represora, es decir, reprime las consecuencias alucinógenas frenando sus efectos, mientras que las sales son potenciadoras de ilusión. Al ayudar al cuerpo a quemar la grasa que no necesita, consigue hacer perder esos centímetros de más, y eso se convierte en ilusión, en ganas de hacer cosas, en deseo de encontrar ocasiones de enseñar lo que antes eran unas piernas hinchadas, o una barriga desproporcionada.

–No sé adónde quieres ir a parar –le confesó Papá Pitufo.

–Es muy sencillo: no se puede combinar represión con ilusión –le contestó él–. Las consecuencias, como puedes observar, son nefastas. Si quieres te lo explico en vocabulario empresarial, quizás así me comprendas mejor.

–Te lo agradezco, sí. A ver si así te entiendo.

–Si quieres que un equipo de personas funcione, no puedes jugar a echar sal como condimento para ilusionarlos si, al mismo tiempo, vas a castrar de raíz cualquier intento suyo por emocionarse en el trabajo. Si un empleado se implica y entusiasma, hay que ir con mucho cuidado para que su piel no tome este tono azul grisáceo... –El Druida le enseñó de nuevo la axila, que estaba totalmente de color azul–. De todas formas, creo que ya se me está bajando, que los efectos disminuyen con el tiempo. Quizá mañana ya haya recuperado mi color normal.

La fiesta siguió y los que probaban la vinagreta iban perdiendo color. Primero se quedaban en una gama de tonos grises y luego se iban convirtiendo en azules... Lo curioso del caso es que ninguno de ellos se daba cuenta, ninguno veía que cambiaba de color. Y todos seguían subiéndose y bajándose de las atracciones como si nada. Sólo los que no probaron la ensalada con vinagreta se dieron cuenta, y por mucho que trataban de explicarles a los demás que estaban de color gris azul, nadie los creía. Sólo los que mantenían el color se reconocían entre sí como personas con color.

De todas formas, el afán por la diversión hacía que esa situación extraña pasara prácticamente desapercibida. En ese momento llegaron las perdices. Volaban todas juntas y empezaron a moverse en círculos sobre el parque. La Reina se dio cuenta y advirtió a los demás:

–¡Mirad qué perdices más lindas! –exclamó.

–Son preciosas –añadió Cenicienta.

Pero de repente, una de las perdices bajó en picado y atacó al Lobo.

–¡Au! ¿Por qué me habrá picado la perdiz? –se quejó él.

Como si esa incidencia hubiera sido una señal, las demás perdices empezaron a atacar a los demás asistentes.

–¡Socorro! Hay que hacer algo –gritó Ruth asustada.

–¿Dónde estará el Druida? –preguntó el Lobo.

–Lo he visto con Papá Pitufo cerca del meteorito –respondió Hansel.

Corrieron hacia la cascada del balneario y en efecto encontraron al Druida junto a Papá Pitufo.

–¡Corred! –les ordenó el Lobo–. ¡Tenéis que ayudarnos, algo raro ocurre en el parque!

Les siguieron hasta el jardín donde estaba la carpa del banquete, y allí vieron cómo las perdices estaban picoteando a algunos de los invitados. El Druida observó que casi todas las víctimas de esos ataques eran individuos azules. Pensó que era lógico, ya que los azules eran los más vulnerables. La experiencia de mezclar ilusión con represión le deja a uno muy tocado, así que cuando hay tensión en el ambiente, como en aquel caso, los primeros afectados suelen ser los azules.

–No sé cómo –pensó en voz alta el Druida–, pero me parece que todos los individuos que se han vuelto azules es porque han ingerido la mezcla de la sal con el antídoto…

Entonces recordó que se había olvidado la sal y la poción en una de las mesas.

–Ya sé el motivo –respondió el Druida–. Alguien ha debido de echar en la comida los potingues que dejé descuidados en aquella mesa.

–¿Se les pasará el efecto en unas horas? –preguntó Papá Pitufo.

–Sí, estoy convencido –respondió el Druida.

–Pero tenéis que hacer algo –se desesperaba el Lobo–. ¡Esto va a ser una ruina!

–Es que no sé qué hacer –respondió el Druida–. Haber combinado dos fórmulas mágicas incompatibles complica doblemente la solución.

Los aldeanos salieron corriendo del parque en un colectivo ataque de pánico. La inauguración había sido un fracaso. Las perdices acabaron comiéndose los restos del banquete. Excepto la ensalada, que no tocaron.

El Lobo se quedó en un rincón totalmente consternado, repitiéndose la misma frase una y otra vez:

–No lo entiendo, ¿qué habré hecho mal?

La Reina ordenó al servicio que capturaran a las perdices. Pensó que podría congelarlas y comérselas otro día. El resto de los invitados, Pepito, Ruth, Hansel, Cenicienta..., todos se retiraron tristes, azules y desanimados.

Papá Pitufo y el Druida se fueron juntos de copas.

–Al mal tiempo, buena cara –le dijo el Druida a Papá Pitufo.

–Dime, Druida, ¿por qué la inauguración no ha tenido un final feliz? –pitufó Papá Pitufo–. Todo el proyecto se ha llevado de forma profesional y considerando en todo momento una gestión ética.

–A veces la profesionalidad y la ética no bastan –respondió el Druida.

–Entonces, ¿para qué tanta historia con la ética?

–Porque sin ética podía haber sido mucho peor –sentenció él.

–¿Qué podría ser peor que ver cómo los aldeanos huyen por piernas del parque porque unas perdices salvajes deciden picotearles la cabeza sólo porque se han quedado azules al probar la ensalada de la Reina?

–Peor sería que todos hubieran acabado enfermos debido a una intoxicación alucinógena provocada por las aguas del balneario –respondió el Druida.

Papá Pitufo se quedó callado unos instantes. El Druida era sin duda un sabio.

–¿Y por qué atacaron las perdices? –preguntó entonces Papá Pitufo.

–¡Seguramente porque intuían que se estaba acabando el cuento y creyeron que iba a ser un final feliz!

TREINTA AÑOS MÁS TARDE...

Pepito no tuvo más hijos, porque tardó muchos años en poder dormir una noche seguida a causa de los llantos y de las pesadillas del niño. Pensó que tener un segundo hijo tenía que ser una decisión muy meditada. Y quizá por eso, porque se lo pensó demasiado, no tuvo más. Campanilla siguió dando clases de vuelo y disfrutando de aficiones aéreas: puenting, parapente, paracaidismo... El hijito llorón de Pepito y Campanilla es hoy un hombre de provecho, un conocido fiscal que persigue a los culpables de los escándalos más famosos, no sólo de la aldea, sino también de aldeas muy lejanas.

Ruth decidió escribir un libro en el que relata su experiencia como auditora en ética. Tardó cinco años en escribirlo, pero acabó siendo un práctico manual de ética utilizado en la mayoría de carreras empresariales. Lo bueno del libro es que estaba basado en casos prácticos y reales. Actualmente, preside una fundación que fomenta todo tipo de iniciativas de integración de la ética en la empresa. Además, este año, Ruth ha ganado un prestigioso premio de la Fundación Europea de Ética Avanzada por poner en práctica unos cursos de formación basados en técnicas de teatro que enseñan a los alumnos a ponerse en la piel de los demás. Ruth ha demostrado que ese ejercicio permite, entre otras cosas, comprender los principios universales más importantes, como el de Justicia o el de Humanidad.

Cenicienta decidió vender el banco. Se había dado cuenta de que vivía por y para el trabajo. No tenía vida propia porque no se había preocupado de tomarse un tiempo para ella cada día. Sintió que lo realmente importante en su vida era ella misma. No quería verse al cabo de los años como una excelente profesional pero sola y cansada de interpretar el papel que ella misma había inventado. Decidió romper con todo. «Sólo se vive una vez –pensó–, y no quiero ser esclava de mi trabajo, ni tampoco de mi obsesión por ser una princesa enamorada.» Acabó comprándose una isla en medio del Caribe. Formó familia con un nativo de la isla vecina y descubrió su faceta artística, la pintura. Murió feliz pintando cuadros de puestas de sol. Actualmente su obra se cotiza al alza en prestigiosas subastas.

El Lobo, al igual que Ruth, también decidió escribir un libro en el que relataba sus experiencias. Pero no sabía redactar, así que logró contactar con un joven dibujante y escritor llamado Gual Disni, procedente de una aldea asiática. El Lobo le contó su vida y la de sus aldeanos: Cenicienta, Caperucita, los Siete Enanitos, Blancanieves, La Bella Durmiente, Mowgli... Gual sugirió llevar esas historias a la gran pantalla y crear dibujos *animalos* (con animales en vez de humanos). Al Lobo le encantó la idea, y empezaron a hacer películas. Los estrenos siempre tenían lugar en el parque cuya extraña inauguración dio tanto que hablar. Se forraron.

Hansel fue detenido por tráfico ilegal de agua alucinógena; su red de narcotraficantes se llamaba «espejo del alma». Por suerte para Lacasitagolosa, tuvo la decencia de dimitir de su cargo poco antes de estallar el escándalo. Su caso lo llevó el hijo de Pepito, que, lejos de ser tolerante, le condenó a cadena perpetua.

La Reina enloqueció cuando se enteró de que el único interés de Hansel por ella residía en los efectos alucinógenos del meteorito. Vivió sus últimos momentos de cordura la misma noche de la inauguración del parque. Y así es como sucedió el principio del fin de esta historia:

Cuando todos volvieron a sus casas, la Reina se retiró a sus aposentos. Su piel estaba completamente azul. El Druida la había tranquilizado asegurándole que el efecto sólo duraría unas cuantas horas. Mientras su sirvienta la ayudaba a desvestirse, la Reina miró la hora en su móvil. Fue entonces cuando...

–¡Oh, Dios mío, una llamada perdida! –exclamó la Reina–. ¿Será él? No me atrevo a mirarlo. El corazón se me sale por la boca. Los latidos ahogan mis pulmones y me presionan el alma... ¡Sí! ¡Es él! ¡Dios mío, es él! Me voy a desmayar de la emoción... ¡ES ÉL!

–¿Quién es ÉL? –preguntó la sirvienta–. ¡Se comporta usted como si tuviera quince años!

–¿Quién va a ser? ¡Hansel! El hombre que hará realidad mis más ocultas fantasías.

–¿Hansel, de Lacasitagolosa?

–Sí, claro. ¿A cuántos Hansel conoces?

La Reina andaba rápidamente de un lado a otro de la sala, con el móvil en la mano derecha y mordiéndose las uñas de la mano izquierda. De repente, detuvo sus zancadas en seco, se miró la mano derecha y, cambiándose el móvil de mano, empezó de nuevo a andar mordiéndose las uñas ahora de la otra mano... La sirvienta la iba siguiendo para intentar desvestirla.

–Majestad, ¿quiere que le traiga una tila?

–No, gracias, no puedo beber...

–¿Un cigarrillo?

–No, gracias, no debo fumar... ¡Y no me ofrezcas cigarrillos cuando me muerdo las uñas!

–¿Le preparo un baño caliente para que se relaje? –insistió la sirvienta.

–¿Por qué quieres que me relaje? Me gusta estar excitada. Es la pasión que se apodera de mi frío corazón...

Lo derrite, y eso me hace tierna, dulce... Y lo que es más importante: ¡embellece mucho!

La sirvienta la miraba con los ojos muy abiertos. Nunca había visto a su ama así. Casi sentía celos. No estaba acostumbrada a que nadie más que ella tuviera derecho a conocerla tanto.

–Sí, querida, esto es lo mejor que me ha pasado en los últimos años... –continuó la Reina–. Por fin un hombre en mi vida, apuesto, elegante, honesto... Un poco gordo, es verdad, pero en cuanto conozca el fuego que hay en mí, se adelgazará en dos días.

–¡Uy, Majestad! –se sonrojó la sirvienta.

–Debo escribirle un mensaje. No quiero llamarle. Tiene que sentirme un poco inaccesible. Soy la Reina, y mi voz es cara de oír –sentenció sonriendo con picardía a la sirvienta.

–Entonces no le conteste... –respondió ella tajante.

–Tienes razón. Pero es que quiero decirle algo. A ver cómo reacciona... Todavía no estoy muy segura de ser objeto de su atención. Hay algo que no acabo de ver claro en todo esto..., aunque ese misterio me excita todavía más. Me encantan los hombres que no son transparentes, prefiero que me intriguen a verles venir, como siempre. ¡¡Si es que la mayoría son libros abiertos... y además, suelen ser libros infantiles!! Quiero saber de una vez por todas cuál es su interés por mí.

–¡Pues entonces llámele!

–¡No puedo! Tengo que ser distante. Sin embargo, quiero asegurarme de que no es gay. Tan apuesto y soltero a su edad... No sé, no sé. El otro día una amiga me dijo que eso no era normal, y que un cuarentón soltero, o está separado y con hijos, o es gay...

–Bueno, quizá sea la excepción que confirma la regla –contestó la sirvienta–. Además, ese comentario está ya pasado de moda. Yo tengo muchos amigos cuarentones heterosexuales, solteros y sin hijos.

–Más le vale ser uno de ésos, porque si no me enfadaré con él, y mucho...

–¡No puede enfadarse con él sólo por no ser como usted desea!

–¿Cómo te atreves a decirme lo que debo hacer, mocosa? –le reprochó ofendida la Reina.

–Perdone, Majestad, no me he dado cuenta, no volverá a ocurrir –respondió bajando la cabeza.

–Sólo me faltaba oír tus comentarios de jovencita psicóloga aficionada... ¡No soporto que me distraigas! Vete a hacer algo, lo que sea. ¡Pero vete! Necesito intimidad. He decidido que le voy a escribir un mensaje.

–Como usted ordene, Majestad –contestó tímidamente la sirvienta mientras salía de la sala andando hacia atrás, como siempre, para no darle la espalda. Se retiró con la cabeza muy gacha, ya estaba acostumbrada a aquellos prontos.

La Reina se sentó en su trono, una divina silla estilo Pili Pestar de color rosa fucsia. Apoyaba la cabeza entre sus dedos largos y delgados, cerrando los ojos para concentrarse. El mensaje tenía que ser insinuante y apasionado, a la vez que frío y distante. Una Reina tiene que saber seducir con elegancia, incluso en un mensaje de texto.

Lo borró, demasiado obvio.

Demasiado frío, no denota ningún interés especial por él, y un mensaje es una oportunidad extraordinaria para seducir.

Demasiado monárquico. Tampoco quería seducir al estilo maternal.

Demasiado agresivo. Aunque igual le gusta...

Éste le gustó más. Cambió el «jugar a ser» por «quedar para aprender». Le hizo gracia, seguro que Pepito estaría de acuerdo en que muchos juegan a ser éticos cuando bastaría con que se limitaran a aprender a serlo. Finalmente decidió que ése era el mensaje ideal.

Se lo envió. Hansel no tardó en contestarle.

La Reina, enfurecida, tiró el móvil por la ventana. Éste aterrizó sobre la cabeza de Cenicienta, que pretendía hacerse unos masajes ultra-mega-reductores. Quedó tumbada en el suelo y, aturdida, logró articular unas palabras:

–¿Por qué siempre acaba pagando la pobre ética?

FIN

MORALEJA 8

- Cumplir la ley no es garantía de proceder éticamente.
- La gestión ética permite anticiparse al cambio.
- El corto plazo y la rentabilidad exigida en Bolsa son excusas que dificultan el fomento de la gestión ética.
- Los inversores valoran cada vez más las empresas que demuestran un alto compromiso con la ética.
- No se debe combinar represión (castrar intentos de mejoras éticas) con ilusión (fomento de una cultura de gestión de ética empresarial).
- A veces la profesionalidad y la ética no bastan, pero sin ellas seguramente hubiera sido mucho peor.
- Muchos juegan a ser éticos cuando bastaría con que se limitaran a aprender a serlo.
- ¿Por qué siempre acaba pagando la pobre ética?